2 septembre 2018

Pour toi,

en espé[illegible]

livre te parviendra

assez tôt avant la

remise de ton mémoire

sur ton séjour catalan !

Courage et bisous

Marie Clo

L'INDÉPENDANCE CATALANE EN QUESTION

Les auteurs

Serge Buj est professeur émérite de l'université de Rouen, spécialiste de l'histoire politique et institutionnelle contemporaine de l'Espagne, du franquisme à nos jours.

Manuelle Peloille est professeure de civilisation espagnole contemporaine à l'université d'Angers, directrice des *Cahiers de civilisation espagnole contemporaine* et auteure de *Positionnement politique en temps de crise. Sur la réception du fascisme italien en Espagne* (Inclinaison, 2015), de *L'Espagne après 98, les fantômes de l'Empire* (Atlande, 2017) et de nombreuses publications sur la politique espagnole de l'entre-deux-guerres.

Cyril Trépier est docteur en géographie de l'université Paris 8 Saint-Denis, docteur en sociologie de l'université de Barcelone, chercheur au Centre de recherches et d'analyses géopolitiques (CRAG) de Paris 8 et chargé de cours à l'université de Cergy-Pontoise. Spécialiste du mouvement pour un État catalan, il a signé le livre *Géopolitique de l'indépendantisme en Catalogne* en 2016 chez L'Harmattan.

La collection *Coup de gueule et engagement* est dirigée par **Philippe Lemarchand.**

Édition et mise en pages : Philippe Ngo

ISBN : 978-2-35030-502-8

Serge Buj Manuelle Peloille Cyril Trépier

L'INDÉPENDANCE CATALANE EN QUESTION

Atlande

SOMMAIRE

Notice

Les références bibliographiques sont indiquées entre crochets. Par exemple, [Peres, Roux, 2016] renvoie à l'ouvrage *La démocratie espagnole. Institutions et vie politique*, publié par Hubert Peres et Christophe Roux en 2016.
Les astérisques (*) signalent que le nom, le mot ou la locution qui précède est explicité en annexe, dans les Biographies, les Sigles ou le Vocabulaire.
Le lecteur trouvera également en fin d'ouvrage différentes chronologies ainsi qu'un recueil de documents, auxquels il est fait référence de la manière suivante : [v. Documents].

"Nous n'avons jamais été assez forts pour pouvoir maintenir notre culture autochtone au niveau qui nous était humainement nécessaire, mais jamais non plus assez faibles au point de perdre notre personnalité."

Rafael Campalans, *Vers l'Espagne de tous. Paroles castillanes d'un député de Catalogne*, 1932.

Le livre que vous vous apprêtez à lire n'est pas un coup de gueule. S'il s'engage, ce n'est pas pour ou contre l'indépendance, mais pour fournir au lecteur français des éléments à même de rendre compte de la complexité de l'histoire des relations entre les différents territoires de la péninsule ibérique, en faisant appel, autant que possible, à la raison plutôt qu'aux sentiments.

Vous vous apprêtez à lire l'histoire de conflits, mais aussi de tractations, de négociations permanentes entre la Catalogne et les rois d'Aragon, de Castille, puis d'Espagne. C'est l'histoire de revendications à la fois ancrées dans les temps médiévaux et d'une puissance économique qui au détour de l'an 1900 veut prendre en main son destin, mais aussi les destinées du pays tout entier. Voilà pourquoi on ne peut rester bien longtemps sur l'opposition binaire Catalogne *versus* Espagne, comme s'il s'agissait d'une énième réédition du match de football entre le Real Madrid et le Football Club de Barcelone, ô combien sujet à des usages politiques dans chacune des deux métropoles.

Quand on regarde l'Espagne, il convient de se départir de trois choses. Premièrement, de la vision qui hérite d'une formation historique française, celle d'une monarchie unitaire, absolue, puis d'un État jacobin – qui plus est, un État central qui a souvent joué un rôle protecteur des sujets ou des citoyens, sur la base d'une alliance avec le peuple. Deuxièmement, des idées reçues appartenant à la légende noire de l'Espagne, pas nécessairement infondées mais toujours utilisées comme armes idéologiques dans une rivalité entre puissances, lorsque France et Angleterre cherchaient à arracher à l'Espagne son empire colonial d'Amérique. L'Espagne conserve depuis lors une image de pays arriéré, inquisitorial, ne sachant pas résoudre ses conflits autrement que par la guerre et la dictature. Troisièmement, il convient de prendre ses distances par rapport à cette vision binaire qui opposerait l'Espagne à la Catalogne, liées par l'histoire. Bref il convient de chercher à voir l'Espagne *telle qu'elle est,* non comme on croit qu'elle est, ou comme on voudrait qu'elle soit.

S'il faut se départir de ces préjugés, c'est d'abord parce que l'Espagne a une longue tradition de pacte entre le roi (ou l'empereur dans le cas de Charles Quint, 1516-1556) et certaines provinces ou royaumes comme la Navarre, les provinces basques et celles de la couronne d'Aragon. À l'intérieur même de la couronne d'Aragon, formée en 1137, les rois ont très vite dû négocier avec les parlements, les communes, les nobles et les bourgeois.

Le présent ouvrage s'ouvre sur un bref panorama historique (M. Peloille). Les différentes facettes de la formation du sentiment national catalan sont étudiées dans le deuxième développement (S. Buj). Un gros plan est enfin proposé sur le processus d'indépendance tel qu'il se met petit à petit en place à partir de 2010, avec ses implications géopolitiques (C. Trépier). Les annexes proposent un choix de documents, un vocabulaire, des biographies sommaires, plusieurs chronologies, ainsi qu'une bibliographie, qui fournit des indications de lecture sans prétendre à l'exhaustivité.

REPÈRES HISTORIQUES

Source : Francisco Jorge Torres Villegas, *Cartografía Hispano-científica : o sea los Mapas Españoles, en que se representa a España bajo todas sus diferentes fases*, [s.e.], 1857, p. 169.
Crédits : Bibliothèque nationale d'Espagne, Bibliothèque digitale hispanique.

Cette carte de 1857 permet de voir les trois principales entités qui ont constitué l'Espagne à partir de la fin du xve siècle, classées selon leurs degrés de privilèges et de droits propres. Elle marque la division en provinces, établies en 1834 sur le modèle des départements français.

À l'est, l'ancienne couronne* d'Aragon, désignée comme "Espagne incorporée ou assimilée". On lit : "Comprend les onze provinces de la couronne d'Aragon, toutes différentes dans la façon de contribuer et sur certains points du droit privé." C'est en 1716-1717 que se produit ladite assimilation.

Au centre, "Espagne uniforme, purement constitutionnelle, qui comprend ces trente-quatre provinces de la couronne de Castille et León, égales dans toutes les branches économiques, judiciaires, militaires et civiles" – Canaries incluses.

Au nord, "Espagne forale, comprend ces quatre provinces qui conservent leur régime spécial différent de celui des autres", à savoir la Navarre, Álava (province intérieure de Vitoria), et les deux provinces côtières que sont Guipúzcoa (Saint-Sébastien) et la Biscaye (Bilbao). Actuellement, la Navarre jouit toujours d'un régime de fors (privilège).

En bas à droite de la carte, l'Espagne coloniale et ses dernières possessions, perdues en 1898 : Cuba et les Philippines (le reste de l'empire ayant été perdu entre 1810 et 1824).

> "La nation catalane, sa langue et sa culture ont mille ans d'histoire. Pendant des siècles, la Catalogne s'est dotée et a bénéficié d'institutions propres qui ont pleinement exercé l'autogouvernement, avec la *Generalitat* comme l'expression la plus élevée des droits historiques de la Catalogne".

Ces mots sont extraits du début du long préambule de la déclaration des représentants du Parlement catalan du 27 octobre 2017. Remontons donc loin dans le temps, car le discours d'une large partie des catalanistes, autonomistes ou indépendantistes, de gauche ou de droite, fait souvent référence au Moyen Âge. L'héritage wisigoth, l'invasion franque, le premier comte unificateur Guifred le Velu (IXe siècle), la *Generalitat** (1359), la somme du droit coutumier – autant de points de repère du nationalisme catalan. Cela n'a pas échappé au romancier espagnol Ramón Sender. En 1933, lors de son passage à Barcelone alors qu'il était sur le chemin de l'Allemagne nazie et de l'URSS, il fit cette remarque à propos de la Gauche républicaine de Catalogne (ERC*, née en 1931 et toujours au premier plan) :

> "Pour ma part, je n'ai pas trouvé l'esprit juvénile de la Catalogne dans l'environnement de la Gauche républicaine de Catalogne. Par contre, j'ai trouvé que tout était mis en scène pour une reconstitution de la cour des Comtes de Barcelone."

Si l'on remontera aussi loin, c'est également parce que la France est toujours présente dans la question catalane : les provinces de l'actuel département des Pyrénées-Orientales, la Cerdagne et la Roussillon, encore revendiquées par les partisans de la "réunification", furent disputées entre la Catalogne et le royaume du France du XIe au XVIIe siècle.

Le nom *Catalogne*, dont la première occurrence est datée au XIIe siècle [Serrano, Zimmermann, 1995], recouvre la réunion de comtés dont se distinguent celui d'Urgel et surtout celui de Barcelone, réunis en 1137 par alliance matrimoniale à la couronne d'Aragon, qui à son tour est associée en 1469 à la couronne de Castille, elle-même fruit de l'assimilation et de la soumission de plusieurs royaumes et principautés. À partir de 1714-1716, les royaumes constitutifs de la couronne d'Aragon (Catalogne, Valence et Aragon) perdent leurs institutions et leur autonomie fiscale. Prospère et en pleine expansion au XIIIe siècle, la couronne entre en crise au XVe ; elle se relève au siècle suivant, la Catalogne renouant avec une période d'expansion jusqu'au premier tiers du XVIIe siècle. Touchée par une crise qui court de la fin de la Guerre de Trente Ans jusqu'aux débuts du XVIIIe siècle, la Catalogne reprend son essor à ce moment et jusqu'à nos jours – parfois de manière irrégulière, il est vrai.

Les Marches d'Espagne : un territoire frontalier entre Francs et Maures

Le terme est contesté. Il n'en reste pas moins qu'entre l'empire de Charlemagne et les zones contrôlées par les Maures a été établie une bande de territoires frontaliers, définition première du mot *marches*. Lorsqu'on parle de Reconquête du territoire de la péninsule ibérique, conquise à partir de 711 par les troupes arabo-musulmanes, on cite la bataille de Covadonga, au nord-ouest, dans les montagnes asturiennes, en 722, comme point de départ. On oublie que les territoires du sud des Pyrénées, hérités des Wisigoths, occupés par les Francs (Charlemagne prend Barcelone en 801) furent une autre base pour la récupération des territoires envahis. C'est cela qui fera revendiquer tantôt le legs wisigoth au détriment des Francs, tantôt, au contraire, l'héritage carolingien, comme Jordi Pujol* lors d'une conférence prononcée en Sorbonne en 1986 et intitulée : "La vocation européenne de la Catalogne" [v. Documents]. L'héritage des Maures, pour sa part, est moins présent, alors que Barcelone fut leur proie en 985.

De territoires de l'actuelle Catalogne partent donc aussi des entreprises de reconquête chrétienne, au cours desquelles se distinguent les comtés d'Urgel et de Barcelone. La tradition veut que la lignée des comtes de Barcelone soit inaugurée par Guifred le Velu (840-898), qui devient maître de la Cerdagne, d'Urgel et de Barcelone. Le démembrement de l'Empire carolingien livre ces territoires à eux-mêmes, ce qui oblige à une recomposition et à la création d'entités plus consistantes. Au XIe siècle notamment, le comté de Barcelone se développe, voit sa population croître, bat monnaie, s'empare de nouveaux territoires arabes ainsi que de Valence et de Majorque, revendiqués aujourd'hui comme "Pays catalans". Quant à lui, le royaume d'Aragon se forme en 1035 de la réunion de comtés pyrénéens enclavés.

Le comté de Barcelone est associé en 1137 à la couronne d'Aragon, par le mariage de Ramón Berenguer IV, descendant de Guifred, avec Pétronille d'Aragon. L'union répond à la nécessité pour le comté et le petit royaume de faire pièce à trois voisins plus puissants : la France, la Navarre, la Castille, sans compter les royaumes arabes dont la division va croissant, surtout après l'éclatement du califat de Cordoue (929-1031) en petits royaumes de *taïfas* et la défaite à Las Navas de Tolosa (1212). Du royaume d'Aragon, on est passé à la couronne d'Aragon, qui embrasse, au fur et à mesure des conquêtes, la Catalogne, l'Aragon, Valence et les Baléares, puis, au cours des XIIIe et XIVe siècles, les territoires italiens et grecs (Sicile, Sardaigne, Malte, Naples, Athènes, Neopatras).

Premières institutions catalanes

Le premier code cité est le recueil de lois, usages et franchises intitulé *Usages de Barcelone* (fin du XIe siècle). Barcelone est administrée par le Conseil des Cent de 1265 à 1714. Le premier Parlement, qui n'a rien à voir avec un parlement tel qu'on le connaît actuellement puisque la base de la représentation sont les trois bras de la société (noblesse, clergé et bourgeois des villes) se réunit en 1213 ; en Aragon, le premier Parlement se réunit en 1283. Ces États généraux se tiennent dans la ville aragonaise de Tarazona, dans un contexte de guerre avec la France. Profitant de la situation, la noblesse d'Aragon demande au roi Pierre III la confirmation de ses franchises et privilèges en échange de son soutien financier et matériel contre les appétits français. Le roi n'a d'autre solution que d'accorder le *Privilège général de l'Union**. Ainsi débute une longue tradition de pacte entre les souverains et les représentants des élites locales, nobles, cléricaux et riches hommes.

C'est au XIIIe siècle que se forment des milices armées de sujets en défense de la propriété, contre les bandits, nombreux à l'époque, ou bien les seigneurs abusifs. Ces milices, connues sous le nom de *sometent*, renaîtront au début du XVIIIe siècle puis au début du XXe pour écraser les revendications ouvrières de Barcelone. Aujourd'hui, cette institution demeure à l'état résiduel.

La fin du XIIe siècle voit se mettre en place une institution à la longue postérité, mais qui a changé de forme : la *Generalitat.* Initialement, pour soutenir les multiples efforts de guerre, contre la France, la Navarre, la Castille ou les Maures selon le moment, est mis en place un impôt sur les entrées et sorties de marchandises déterminées, notamment les tissus (1289). Au départ, cette contribution, appelée *generalitat*, devait être exceptionnelle. Mais comme souvent dans l'histoire des impôts, les guerres se multipliant, elle fut pérennisée. L'instance chargée de la percevoir et de la gérer s'appelait la députation du Général. Cette dernière avait donc un rôle fiscal. Mais avec le temps, ses attributions devinrent politiques et judiciaires : elle est chargée, officiellement à partir de 1359, de veiller à l'observance des coutumes et privilèges de la Catalogne, et exerce sa juridiction jusqu'en 1716 [v. Vocabulaire]. Le préambule de la loi de 2006 de réforme du statut de la Catalogne de 1979, (annulée en 2010), mentionne cette date fondatrice de 1359, si importante dans les repères historiques du nationalisme catalan.

Guerres et compromis avec le royaume de Castille

Entre la Castille et l'Aragon, nombreux furent les conflits, avant de parvenir à des accords fragiles contre l'ennemi commun : les Arabes. Les comtés frontaliers du IXe siècle, tampons entre les Arabes et les Francs, sont devenus un royaume en expansion. Les deux couronnes rivales se répartissent les territoires à reconquérir : à l'Aragon la façade méditerranéenne, tandis que la Castille s'empare du reste. Cela est formalisé en 1179 par le traité de Cazola par lequel, en échange du renoncement de la Castille à soumettre l'Aragon, celui-ci abandonne Murcie. Au XIIIe siècle cependant, les guerres reprennent de plus belle malgré les accords passés.

Faute de successeur dans la lignée de Guifred le Velu, c'est un prince d'une famille castillane, Ferdinand de Trastamare, qui est élu roi d'Aragon lors du Compromis de Caspe de 1412, face à trois concurrents. L'un des perdants, le comte d'Urgel, se révolte, et la réponse du roi, qui consiste à donner plus de pouvoir au Parlement, confirme les usages. On est à nouveau dans une logique de concession et de négociation appelée à se prolonger.

L'expansion méditerranéenne des XIIIe et XIVe siècles

Toute la péninsule connaît alors une expansion économique, voit fleurir les arts et les sciences, avec la création d'universités comme celle de Salamanque. Sous Jaime Ier, l'Aragon, et notamment Barcelone, part à la conquête de la Méditerranée, et envoie ses mercenaires (*almogàvers*) prendre la Sicile (1282), la Sardaigne (1323), avec une incursion jusqu'en Grèce (1311 et 1319). Au siècle suivant, Alphonse V le Magnanime (1416-1458) confirme les positions. Ces territoires sont perdus en 1713 à l'issue de la Guerre de succession au trône d'Espagne, même si Philippe V et ses successeurs n'auront de cesse de les reconquérir, d'abord par les armes, puis par une alliance matrimoniale. Si les années 1714-1716 sont si importantes dans le discours nationaliste catalan, c'est à cause de la perte d'acquisitions institutionnelles et territoriales réalisées au XIIe siècle puis consolidées au XIVe.

Le XVe siècle : la couronne d'Aragon en crise, une Castille puissante et dynamique

La crise est d'abord dynastique : la lignée de Guifred le Velu et de Ramón Berenguer s'éteint en 1410, ce qui entraîne une lutte pour la succession de la couronne d'Aragon, remportée par un membre de la famille des Trastamare, de la couronne de Castille. Comme mentionné ci-dessus, il est élu par une commission d'ecclésiastiques suite à la médiation papale (Compromis de Caspe de 1412).

Ce siècle est marqué par des guerres intestines, lesquelles ne sont pas propres à l'Aragon, puisqu'en Castille les rivalités dynastiques montrent les mêmes conséquences. D'une part, les bourgeois de Barcelone, qui prennent le contrôle de la ville en 1443, sont contestés par les deux autres bras, la noblesse et du clergé, ce qui aboutit à une guerre intestine de dix années (1462-1472), au terme de laquelle les lois propres de la Catalogne sont réaffirmées. D'autre part, les paysans attachés à la glèbe se rebellent contre les abus des nobles en matière de tribut (révolte des *remensas*, 1460-1486). Au terme de plus d'un quart de siècle de guerre civile intermittente, le roi Ferdinand II d'Aragon (1479-1516) satisfait les deux parties en dictant la Sentence de Guadalupe (1486) : d'une part, il libère les paysans moyennant paiement pour l'usage des terres ; d'autre part, il rend aux seigneurs les biens saisis par les paysans révoltés, ce qui en jette beaucoup sur les routes du banditisme.

Au XIVe siècle, associées aux graves crises de subsistance, les famines, les épisodes de peste, les siècles de guerres tous azimuts causent un déclin de l'Aragon face à une Castille plus riche, plus armée, plus peuplée, malgré les guerres intérieures et extérieures qu'elle livre.

Le roi Ferdinand II, modèle du *Prince* de Machiavel, met fin aux guerres intestines, celles des paysans contre les nobles et celles qui agitent les élites barcelonaises, non sans opérer des concessions aux nobles contre les bourgeois ; il tente de réduire le pouvoir des institutions catalanes au profit du pouvoir royal ; il établit l'Inquisition en 1478 (soit bien après l'Aragon qui l'avait inaugurée en 1249) ; il réduit la dette ; il récupère enfin la Cerdagne et le Roussillon, hypothéqués par son père Jean II lors de la guerre civile de 1462-1472. Au XVe siècle, l'enchâssement de la Catalogne au sein de la couronne d'Aragon est consommé.

1469-1479 : deux couronnes réunies, deux régimes distincts

L'union matrimoniale entre Isabelle de Castille et Ferdinand d'Aragon ne suppose pas l'unification des lois, institutions, règlements, monnaies. Non seulement chaque couronne (Aragon et Castille) conserve ses marques de souveraineté, mais à l'intérieur de l'Aragon, chaque royaume ou entité constitutive dispose de ses propres codes et usages. Ainsi, les coutumes de Valence ne sont pas celles de la Catalogne et diffèrent de celles de l'Aragon. Barcelone, de son côté, dispose de ses propres institutions. Cette situation perdure jusqu'en 1707 à Valence, 1716 à Barcelone.

Très tôt se configure une asymétrie : l'Aragon, affaibli par une crise aux multiples facteurs, ne peut faire le poids face à la Castille plus riche, plus peuplée, mieux armée, où se met en place un modèle absolu de gouvernement. C'est la Castille qui aura avec Séville le monopole du commerce avec les Indes, ce qui ne l'empêche pas d'être un relais pour l'exportation de produits aragonais. En même temps, grâce à l'Aragon, la Castille va disposer d'une projection méditerranéenne. La Catalogne devient un point de passage entre l'Amérique, la Castille et les ports italiens, notamment pour les métaux précieux. Entre les deux couronnes, des douanes limitent la circulation des marchandises.

Sur le plan politique, le royaume de Castille se caractérise par un pouvoir royal fort, tandis qu'en Aragon, ce sont les communes, villes, parlements et généralités qui sont puissants. La couronne d'Aragon maintient ses régimes fiscaux propres, et sa pauvreté relative l'éloigne pour un temps des appétits fiscaux de la Castille. Elle échappe à l'autorité royale en maintenant ses institutions propres jusqu'en 1707-1716, mais pas pour autant à l'arbitraire de factions bourgeoises, nobles ou ecclésiastiques. Pour l'ensemble des sujets de la couronne d'Aragon, le fait d'être soustrait à l'autorité royale ne signifie pas la liberté, encore moins des prémices de démocratie. En effet, le *Privilège général de l'Union*, régulièrement confirmé par les rois depuis 1283, garantit l'immunité judiciaire des seigneurs sur leurs terres. Si pour les nobles aragonais, cela représente un affranchissement du fait du prince royal, le manant, pour sa part, est à la merci du fait du seigneur.

Le XVIIe siècle : face au rival français, tentative d'unification

La Catalogne a préservé ses lois et usages, et se trouve à l'abri de la pression fiscale qui pèse de plus en plus sur les sujets de la Castille, au fur et à mesure des guerres désespérées que mène l'Espagne pour maintenir le contrôle d'un empire qui se désagrège et faire face à la puissance française sortie des Guerres de religion. Le favori du roi Philippe IV, Olivares, cherche à unifier les lois, la fiscalité et les obligations militaires afin de soutenir l'effort de guerre contre la France, qui est en passe de détrôner l'Espagne à la tête du monde.

C'est l'un des éléments déclencheurs d'un autre événement fondateur en 1640 : la guerre des moissonneurs *(guerra dels segadors)*, à la désignation trompeuse puisque ce sont les meneurs, issus des élites locales, qui entraînèrent les moissonneurs dans leur sillage. Douze ans durant, la Catalogne est sous la patte française. Philippe IV, soucieux d'arracher la Catalogne aux mains de sa rivale, se montre très clément en confirmant à plusieurs reprises les droits séculaires catalans. La France, en pleine puissance, récupère définitivement la Cerdagne et le Roussillon après le traité des Pyrénées de 1659 qui suit la clôture de la Guerre de Trente Ans (1648), et envahit la Catalogne quatre fois : 1640-1652, 1667, 1683, 1689 – ce qui suscite un sentiment antifrançais.

Un événement fondateur en creux : 1714-1717

"Les héros de 1714 défendaient alors l'auto-gouvernement de la Catalogne, la volonté du peuple catalan de se gouverner lui-même, et aujourd'hui les Catalanes et les Catalans, de façon très majoritaire, et, j'insiste, par des méthodes heureusement différentes, défendent eux aussi leur volonté univoque de se gouverner eux-mêmes", proclamait en 2014 le président de la *Generalitat* Artur Mas*. Si la résistance héroïque des Barcelonais et habitants de Lérida aux sièges menés par le nouveau roi Philippe V est bien un événement fondateur, il convient de fournir quelques précisions.

En 1700, la dynastie espagnole des Habsbourg s'éteint, et en vertu d'un accord matrimonial passé entre les Bourbons et Philippe IV, c'est le petit-fils de Louis XIV – Philippe, duc d'Anjou – qui est désigné comme successeur. Pour la puissance montante anglaise et les empires centraux, l'idée d'une superpuissance franco-espagnole est intolérable, ce qui mène à une contestation sous forme de guerre pour la succession au trône d'Espagne, qui dure de 1701 à 1713, avec pour concurrent du Français l'archiduc Charles d'Autriche. L'Angleterre prend les devants en s'emparant de Gibraltar (1704) et de Minorque. En Espagne, le jeune roi, qui veut garantir le soutien de l'Aragon, y compris la Catalogne, jure dès son arrivée le respect des institutions de cette couronne. Mais en Catalogne, alors sous occupation anglaise, on prend vite le parti de l'archiduc en se soulevant contre Philippe (1705). En représailles, le roi Bourbon victorieux supprime entre 1707 et 1716, par les décrets connus sous le titre de *Nueva Planta**, les privilèges de la couronne d'Aragon, abolissant la frontière entre les deux grands royaumes constitutifs de l'Espagne, alors qu'il ne touche pas aux provinces basques. Le roi Philippe V, honni en Catalogne, a donc bien supprimé les privilèges de la couronne d'Aragon, mais en représailles pour un retournement d'alliance, et non d'emblée, par une décision arbitraire.

En Catalogne, la Guerre de succession ne s'arrête pas avec la chute de Barcelone. Les Anglais rôdent, des guérillas subsistent et pour les contrer, Philippe V approuve en 1719 la création d'*escuadras de paisanos armados*, ancêtres des *mossos d'escuadra*. Le corps, présenté en 2017 comme le symbole de la défense des libertés catalanes parce qu'une bonne partie de ses éléments avait refusé de s'opposer au référendum, fut initialement créé pour lutter aux côtés du roi Bourbon si décrié.

Philippe V passe à la postérité pour avoir supprimé les institutions catalanes (Parlement, *Generalitat* et Conseil des Cent de Barcelone) et voulu réduire la disproportion entre la population aragonaise et sa contribution fiscale : à la fin du XVIe siècle, la couronne d'Aragon représentait 15 % de la population et contribuait à hauteur de 4 % à l'ensemble. Sont alors établis des impôts royaux pour Valence, l'Aragon et la Catalogne. Pour cette dernière, le recensement des propriétés imposables (cadastre) est plus minutieux que dans les autres parties. Les emplois publics ne sont plus réservés aux seuls sujets de la couronne d'Aragon. Ces mesures sont vécues comme une intolérable amputation des "libertés" catalanes, que les programmes politiques catalanistes des XIXe et du XXe siècles revendiquent, au même titre que la préférence catalane pour les emplois de fonctionnaires [v. Documents].

Le roi supprime aussi les douanes (ports secs) entre les deux couronnes, ce qui facilite le commerce dans les deux sens, offrant un marché plus ample aux Aragonais, et donc aux Catalans, et favorise notamment les contacts entre les commerçants barcelonais et ceux du port qui contrôle le commerce avec les colonies à la suite de Séville, à savoir Cadix, depuis 1717. Par contre, il déplace les douanes intérieures… à la frontière avec les provinces basques, qui regimbent à ces entraves. Sur le plan économique, il mène une politique protectionniste qui interdit l'importation de toiles de coton et donne préférence aux productions nationales pour l'acquisition d'équipement militaires. Bientôt, par la création de la Compagnie de commerce de Barcelone (1755), le port peut commercer avec trois places des Antilles (Saint-Domingue, Porto Rico et la Marguerite), puis profiter de la libéralisation du commerce avec les colonies espagnoles de 1788, sous Charles III.

Qu'elle soit le fruit ou non de la politique des Bourbons, en Catalogne, l'agriculture, le commerce et l'industrie se développent au XVIIIe siècle, suivant un processus qui touche toute l'Europe.

1808-1814 : la Guerre d'indépendance

Dans le contexte de la rivalité franco-anglaise pour le contrôle du monde, le soulèvement espagnol contre Napoléon représente un événement fondateur de la nation espagnole, car en dépit des nombreux ferments de guerre civile, les différentes tendances, des traditionalistes aux libéraux, avaient pour but commun de chasser Napoléon, non sans aide anglaise. Cette guerre vient interrompre un développement économique qui avait cours dans toute la péninsule malgré les ponctions que supposèrent les nombreuses guerres du XVIIIe siècle, et donner aussi un coup d'arrêt à une tentative de mise en adéquation entre la capitale politique (Madrid) et la capitale économique (réseau de manufactures royales autour de Madrid). La Catalogne fut occupée jusqu'à la fin de cette guerre, et deux ans durant fut annexée à l'Empire français. Cette guerre est aussi le lieu de la lutte entre libéraux partisans d'une monarchie modérée et partisans d'un régime absolutiste, lequel est rétabli en 1814 en la personne de Ferdinand VII. Ces clivages traversent la Catalogne de la même façon que le reste du pays. Par ailleurs, entre 1810 et 1824 s'ouvre la période des indépendances des colonies d'Amérique hispanique, ce qui ouvre plus tard des perspectives pour la conception de l'autonomie de la Catalogne.

L'essor économique de la Catalogne au XIXe siècle

C'est au cours des années 1820 et 1830 que Barcelone devient une métropole industrielle, dont la puissance repose sur l'industrie textile. Affluent à la ville des habitants des campagnes environnantes, puis de toute l'Espagne. En métropole – Cuba avait eu la primeur de ce nouveau moyen de transport en 1834 –, le premier chemin de fer unit Barcelone au faubourg ouvrier de Mataró (1848). La conséquence du développement industriel est la formation de classes modernes et les débuts de l'organisation populaire, sous forme de journaux et de sociétés ouvrières. C'est aussi à Barcelone que se perfectionne la réponse catholique aux demandes sociales, avec les cercles ouvriers comme celui du père Vicent, ouvert à partir de 1865.

Le développement industriel de Barcelone a deux conséquences majeures sur la suite de l'histoire de l'Espagne : d'une part, la puissance économique justifie les revendications de direction de la politique économique du pays tout entier et favorise l'essor des arts ; d'autre part, il génère des conflits de classes nombreux et violents, qui mèneront à des contradictions entre les revendications d'autonomie et le besoin d'aide de l'État espagnol pour maintenir l'ordre social. Comme l'écrivait José María Fradera en 1999 :

> "Cela n'aurait aucun sens, au nom d'une aversion mal comprise pour les thèses du déterminisme économique, d'omettre dans l'analyse le poids énorme que la défense des intérêts industriels catalans a eu dans le développement de la conscience de groupe des couches dirigeantes."

Le carlisme

Quand Ferdinand VII meurt en 1833 sans héritier mâle, il a pris soin, non sans atermoiements, de déroger auparavant la loi salique stricte rétablie par Philippe V au profit de l'interprétation d'Alphonse X le Sage (XIIIe siècle) : à défaut d'héritier mâle, c'est la ligne directe qui prévaut, ce qui autorise une femme à régner. C'est donc Isabelle, âgée de trois ans, qui lui succède. La régence de sa mère se heurte à une opposition armée du carlisme qui, au nom de la loi salique stricte, revendique les droits de don Carlos, héritier mâle en ligne indirecte. S'il ne faut pas confondre *carlisme* et *nationalisme*, il se trouve que les foyers de cette guérilla, qui revendique la religion catholique et les privilèges historiques *(fueros*)* se trouvent dans les provinces basques et catalanes de l'intérieur, alors que les zones côtières soutiennent plutôt Isabelle II et le libéralisme. Les carlistes causent trois guerres : 1833-1839, 1846-1849 en Catalogne et 1872-1876. La tendance catholique et conservatrice du nationalisme catalan est issue des rangs des carlistes après leur défaite militaire de 1874-1876, qui les oblige à se reconvertir dans la propagande. Un autre point commun avec le nationalisme catalan est la revendication de privilèges séculaires, en opposition au centralisme absolutiste ou libéral.

La *Renaixença*, renaissance de la culture catalane

Dans toute l'Europe, un mot similaire désigne la formation ou la récupération d'une conscience nationale : *Risorgimento* en Italie, *Rexurdimento* en Galice, *Renaixença* en Catalogne. La première étape de la constitution d'un esprit national catalan se situe dans la réappropriation et la création d'une culture, avec pour premier fondement la langue catalane, cultivée et normalisée par les élites, pratiquée par les paysans.

C'est alors que sont codifiés des traditions et des symboles que l'on retrouve encore aujourd'hui : sardane*, couvre-chef (*barretina*), drapeau (*senyera*), dont l'étoile est empruntée au drapeau cubain. C'est l'époque de l'*Ode à la Patrie* d'Aribau (1833), des chœurs catalans, hauts lieux de sociabilité, du premier quotidien en langue catalane (*Diari Català*, 1879), des grandes œuvres littéraires comme *La fièvre de l'or* de Narcís Oller (1890) qui met au jour la fièvre spéculative qui s'est emparée de l'Espagne et les effets du krach boursier de 1889.

Fédéralisme et catalanisme

C'est en Catalogne que l'on trouve la fine fleur des penseurs fédéralistes espagnols. Loin d'être des imitateurs serviles de Proudhon, ils développent une idée propre du fédéralisme, en s'inspirant de modèles comme les États-Unis ou la Suisse. Le traducteur de Proudhon, Pi y Margall*, est le plus connu, mais les figures d'Almirall*, promoteur du Centre catalan, et du républicain Salmerón ne sont pas moins influentes. Les fédéralistes se divisent en deux tendances principales : ceux qui présupposent une nation ou un peuple souverain ; ceux qui désirent un fédéralisme "d'en bas", sans entité souveraine unitaire. Une partie des défenseurs de l'autonomie catalane choisira la voie fédéraliste.

La Première République espagnole, qui est proclamée en février 1873, constitue un essai de fédéralisme dans les premiers mois, surtout sous la présidence de Pi y Margall, du 11 juin au 18 juillet 1873. Mais le fédéralisme se retrouve dépassé sur sa gauche par un mouvement de communes autonomes (*cantonalismo*) dans les provinces du Sud et du Levant, que la République n'hésite pas à écraser dans le sang. Mais cette république fédérale ne dure que quelques mois, avant qu'une voie centraliste ne soit préférée, sous forme civile puis militaire à partir de janvier 1874.

Le retour des doléances en matière économique

Depuis le Moyen Âge, des dispositions de protection de l'industrie locale sont adoptées, notamment pour la production textile. C'est une constante de la politique de la monarchie* espagnole, sauf dans la phase libre-échangiste des années 1880, avec le traité de libre commerce avec la France (1881). En 1885, les élites catalanes adressent au roi Alphonse XII un *Memorial de greuges* (littéralement, “mémorial des griefs”, qu'on peut aussi traduire par “cahiers de doléances”) qui est en fait un véritable programme politique, par-delà les revendications purement économiques. Leur satisfaction passe désormais par la conquête d'un espace politique.

La voie nationaliste du clergé catalan

En 1876, le président du Conseil Cánovas, après avoir obtenu la reddition des carlistes avec son bras armé Martínez Campos, calme leurs demandes en adoptant de 1875 à 1881 une loi censurant les atteintes à la monarchie et à la religion catholique. Les carlistes optent pour la propagande par voie de presse, à travers *La Veu del Montserrat* (1878), après la création à Madrid d'*El Siglo futuro* (1875). L'une des veines originelles du nationalisme catalan est la tradition catholique ultramontaine de l'abbaye de Montserrat*. Pour Jaume Collell, issu de cette tendance :

> “[Le nationalisme catalan] doit être la protestation vivante, constante et méditée de l'esprit national contre les procédés systématiques des idéologies unitaristes ; doit opposer la loi de l'histoire et de l'élément traditionnel aux fictions du droit moderne dérivé de sources impures comme le rationalisme et le positivisme ; en un mot, le Catalanisme sain et droitement dirigé doit être un travail patient de reconstitution de la société et de la physionomie particulière d'une nationalité*” [Collell, 1881, cité par Hibbs-Lissorgues, 2004].

Le rejet de l'unitarisme politique et du modèle du centralisme jacobin, même édulcoré, est un point commun entre cette tendance catholique et le fédéralisme, même s'ils s'opposent sur tout le reste, et c'est ce qui peut contribuer à expliquer pourquoi, en 1906, se forme une coalition catalaniste qui va de fractions républicaines aux catholiques traditionalistes. Nous aborderons plus loin ce sujet.

Le nationalisme politique

C'est en tir groupé, au cours de la dernière décennie du XIXe siècle, que se structurent des programmes et partis sur la base de la défense des nations basque, catalane et galicienne. Le constat est le suivant : sans levier politique, point de défense possible de la culture ni des prétentions économiques. À leur tour, la culture et l'économie sont des bases de puissance et de transmission des visées nationales.

Pour la Catalogne, le texte fondateur est les *Bases de Manresa* de 1892 ; l'organe *La Veu de Catalunya* apparaît en 1899 ; le principal parti est la *Lliga regionalista*, créée en 1901. L'inspirateur est le catholique Enric Prat de la Riba*, auteur de *La nationalité catalane* (1906). Tous ces organes suivent une tradition catholique et conservatrice, loin de la tradition fédéraliste qui, alors en crise, se trouve divisée en plusieurs courants. Ce programme clame "La Catalogne aux Catalans", préconise un retour au "tempérament expansif de notre législation", refuse le bilinguisme, réserve l'accès aux emplois publics aux seuls Catalans, pose la Catalogne comme unique souveraine de son gouvernement intérieur, percevant les impôts, battant monnaie propre et dotée d'une police à elle, le *somatén*, survivance de milices de citoyens, initialement en défense de la propriété privée contre les seigneurs. Par ailleurs, le suffrage était prévu sur la base des chefs de famille et des corporations, et l'enseignement devait être dispensé en fonction des "besoins et du caractère de la civilisation catalane".

De ce programme, qui assume le legs médiéval, certaines orientations relatives à la langue et à la préférence catalane pour les emplois publics ont survécu jusqu'à nos jours. Par contre, la représentation sur la base des familles et des corporations, d'inspiration nettement catholique et constitutive des institutions franquistes, n'était plus admissible après la mort du dictateur en 1975, dans le cadre d'une démocratie moderne. Le *somatén*, constitué de civils armés, qui a survécu jusqu'aux débuts du franquisme pour de basses besognes de répression sociale, a lui aussi quasiment disparu au profit d'une police professionnelle autonome, les *mossos d'esquadra*.

Un projet pour toute l'Espagne

Le nationalisme catalan du tournant des XIXe et XXe siècles n'est pas séparatiste. Il constitue, comme le dit Fradera à propos du XIXe siècle, un projet pour toute l'Espagne, dans un "double patriotisme" [Fradera 1999]. En matière économique, pour les nationalistes, c'est à la Catalogne et au Pays basque de dicter la politique de tout le pays. Francesc Cambó* écrit après le succès de la coalition *Solidaridat catalana* formée en 1906 avec des groupes allant de la fraction républicaine de Salmerón aux carlistes : "Même au milieu de la pire agitation violente, le mouvement catalan est profondément espagnoliste ; il était l'unique cristallisation sérieuse qui affirmait cet élan de régénération que l'on semblait ressentir en Espagne après le Désastre de 1898 [la perte des dernières colonies de l'Empire]." [Cambó, 1915].

L'État espagnol à la rescousse
I. Une armée hostile mais bien commode en matière sociale

L'armée espagnole est fortement centraliste et unitariste, elle le prouve au moment de l'affaire du *¡Cu-Cut!*, ce journal satirique barcelonais qui avait publié en 1905 des caricatures désobligeantes envers les membres de l'armée. Un groupe de militaires s'empresse d'en saccager les locaux, ainsi que ceux de *La Veu de Catalunya*, l'organe de la *Lliga*, et fait pression sur le gouvernement civil qui, sous la menace d'un pronunciamiento, cède en ratifiant la "loi des juridictions", qui fait passer sous le coup de la justice militaire toute atteinte au drapeau, à la personne du roi ou à l'armée. L'anticatalanisme de l'armée espagnole ne fait donc point de doute.

Mais d'un autre côté, face aux offensives ouvrières de mieux en mieux organisées à partir de 1900, le patronat catalan a trois réponses : fermer les usines (*lock-out*), mobiliser des "citoyens honnêtes" regroupés en milices civiles (*sometent*) et... faire appel à l'armée, force de frappe sans équivalent contre les anarchistes et socialistes. Le patronat catalan, principal soutien du parti catalaniste *Lliga regionalista*, oublie l'anticatalanisme militaire dès qu'il s'agit d'étouffer les révoltes ouvrières. Lors de la Semaine tragique de l'été 1909, lors de la vague d'assassinats croisés de patrons et d'anarchistes dans la Barcelone de 1919-1921 que raconte Eduardo Mendoza dans *La vérité sur l'affaire Savolta* (1975), le choix est vite fait entre une armée anticatalaniste mais garante de l'ordre social et les ouvriers subversifs.

L'État espagnol à la rescousse
II. Le protectionnisme

Jusqu'en 1898, les industriels catalans bénéficient d'un marché réservé à Cuba. Sa perte les oblige à trouver de nouveaux débouchés. Le problème est que, en dépit de la lente croissance, les Espagnols sont tellement pauvres que le marché intérieur ne peut absorber ces productions, au point que les industriels de Barcelone, très conservateurs, en viennent à soutenir une réforme agraire afin de permettre aux paysans de dégager un revenu supérieur à la simple subsistance. Le marché intérieur, étriqué, se tourne donc plus naturellement vers des produits fabriqués à l'étranger, plus compétitifs. L'État espagnol offre alors un rempart à cette industrie, sous forme de règlements douaniers protectionnistes, en 1906 puis 1922, en vigueur jusqu'en 1960. Le règlement de 1906, favorable aux entrepreneurs catalans, intervient juste après la loi des juridictions, et peut donc être vu comme une concession économique après la douche juridique et politique.

Les concessions des gouvernements

Le gouvernement de la Restauration établit en 1914 la *Mancomunitat**, institution administrative propre qui consiste en la fédération de provinces, mais ne cède pas à l'Assemblée des parlementaires catalans qui, en 1917, réclament une autonomie élargie. Primo de Rivera*, à son accession au pouvoir, vide la *Mancomunitat* de sa substance en plaçant un centraliste à sa tête, avant de la supprimer en 1925. C'est sous la Seconde République, en 1932, que la Catalogne retrouve la *Generalitat* abolie en 1716, dans le cadre de son statut de région autonome d'une "république intégrale".

Le déplacement vers la gauche

Depuis la fin du XIXe siècle, c'est la tendance catholique et conservatrice qui l'emporte dans le catalanisme, après avoir balayé les fédéralistes. Mais au début du siècle suivant, vers 1904-1906, intervient une division au sein de la *Lliga regionalista*, ce parti conservateur né en 1901. Par ailleurs, le mécontentement social trouve une autre voie que celle du marxisme ou de l'anarchisme, que celle du fédéralisme ou du catholicisme social : il s'exprime aussi sur le terrain du nationalisme catalan, qui apparaît comme une sortie de crise et une réponse au mécontentement causé par les injustices sociales. La base d'union n'est pas l'appartenance à la classe prolétarienne ou à celle des exploités, mais l'appartenance à la nation catalane, par-dessus les classes, comme le voulait le fédéraliste Almirall. Ce déplacement intervient au cours de la décennie 1910, avec la création en 1917 du Parti républicain catalan. Dès lors, on renoue avec les bases d'une alliance entre certains secteurs ouvriers et le nationalisme catalan. Durant les années 1920, l'aile gauche du nationalisme catalan se militarise dans les rangs de l'*Estat català* (1922), emmené par le colonel Francisco Maciá* (Francesc Macià), qui tente sans succès de proclamer une République catalane en 1926.

Les Catalans, fervents défenseurs de l'hispano-américanisme

Bien que la tendance se soit développée avant la perte des dernières colonies espagnoles en 1898, l'Espagne n'a de cesse d'essayer de retrouver son empire perdu, par le biais culturel et symbolique dans un premier temps, puis par des moyens économiques ensuite, qui trouvent leur apogée dans la fièvre d'investissements des années 2000. Les Catalans, intéressés à se projeter vers l'Atlantique en quête de marchés, mais de manière bien plus systématique qu'aux XVIe et XVIIIe siècles, contribuent à l'impérialisme espagnol. L'un des penseurs clés du nationalisme catalan, Enric Prat de la Riba, voit en le nationalisme catalan un ferment de régénération de l'Espagne, qu'il considère comme un grand empire sur le modèle des Habsbourg de Lisbonne à Lyon, à même de faire pièce aux grandes puissances mondiales qui ont évincé l'Espagne du concert des nations dominantes, notamment après 1898 [v. Documents] [UCELAY-DA CAL, 2003 ; MARCILHACY, 2010].

La Seconde République

Les jours qui suivent la proclamation, le 14 avril 1931, de la Seconde République, se caractérisent par une confusion. Les tendances républicaines catalanistes l'emportent sur la *Lliga* en perte de vitesse, ce qui favorise la proclamation éphémère d'une République catalane comme État au sein d'une fédération de républiques ibériques par Francesc Macià, qui finit par reconnaître la République espagnole le 17 avril.

La Constitution de 1931 est celle d'un "État intégral", emprunté non pas du modèle de la République française mais de celui de la République de Weimar [TOMÁS Y VALIENTE, 1987]. Le statut d'autonomie de 1932 [v. Documents] pose la Catalogne comme région autonome dotée de son institution propre, la *Generalitat*, rétablie après deux cent seize années d'interruption. Le Pays basque, suscitant des préventions des républicains laïques à cause de la forte composante catholique du Parti nationaliste basque (PNV), n'obtiendra son statut qu'en 1936, par une République aux abois qui veut s'assurer le soutien de cette région.

En 1934, sous un gouvernement de droite catholique qui sape les réformes de 1931-1933, en même temps que la commune des Asturies, Lluís Companys* proclame une République fédérale, immédiatement écrasée. Cependant, le solde de la commune minière et ouvrière des Asturies est de 1 000 morts, 2 500 blessés, 30 000 prisonniers, contre 30 morts et 100 blessés en Catalogne. La répression de l'État espagnol est donc bien présente dans les deux cas, mais pas dans les mêmes proportions. Par contre, le statut est suspendu de janvier 1935 jusqu'à la victoire du Front populaire, en février de l'année suivante.

La Guerre civile

Rappelons une évidence : la guerre d'Espagne de 1936-1939, prémices de la Seconde Guerre mondiale, suit deux fractures : entre des généraux factieux qui entraînent une partie de la population contre une République instaurée en 1931 suite à la pression populaire et à des négociations avec le roi ; entre partisans d'une révolution immédiate (anarchistes et trotskistes) et tenants de l'antifascisme avant toute autre chose (républicains et communistes), autrement dit entre ceux qui cherchaient une unité d'action et les promoteurs d'actions et de communes autonomes. La Catalogne fut un foyer de résistance majeur, tout comme Madrid et le Levant : Alicante est la dernière ville à tomber, elle fut le dernier contact avec l'Espagne des 500 000 exilés qui arrivèrent en Catalogne française entre janvier et septembre 1939. Mais jamais ce ne fut une guerre menée par l'Espagne contre la Catalogne, en dépit de la défiance des généraux envers le nationalisme catalan, en dépit aussi de la défiance des républicains envers l'autonomisme catalan, dont l'expression la plus éclatante sont les appels à la sécession de *La Batalla* (organe du Parti ouvrier d'unification marxiste d'Andreu Nin*) qui précédèrent les journées de mai 1937.

Comme le reste de la société espagnole, la Catalogne est divisée quant à cet ultime pronunciamiento parti des Canaries et du Maroc. Barcelone est un foyer ouvrier, anarchiste et républicain, et l'une des dernières villes à tomber en 1939, ce qui en fit un symbole de la lutte antifranquiste. Le gouvernement de la *Generalitat* de Tarradellas valida les collectivisations des anarchistes à Barcelone, ce qui éloignait la ville du gouvernement de Madrid, puis de Valence où il s'était réfugié.

Mais justement, pour les élites conservatrices catalanes, plutôt Franco que "les Rouges", comme le montre une lettre écrite par cent vingt-huit illustres Catalans en soutien à Franco au début de la guerre :

> "En tant que Catalans, nous affirmons que notre terre veut demeurer unie aux autres peuples de l'Espagne par l'amour fraternel et le sentiment de la communauté de destin, qui nous oblige tous à contribuer par le plus grand sacrifice à l'œuvre commune de libération de la tyrannie rouge et de restauration à venir de la grandeur de l'Espagne. En tant que Catalans, nous saluons nos frères qui, par milliers, triomphant des obstacles opposés par la situation de la Catalogne, luttent dans les rangs de l'armée de libération et exhortons tous les Catalans à les rejoindre dès que cela leur sera matériellement possible, faisant l'offrande de leur vie pour le triomphe de la civilisation en lutte contre la barbarie anarchiste et communiste."

Comme dans les années 1920, au temps des *lock-out*, bastonnades et autres assassinats, les élites industrielles et financières préféraient la main dure des militaires espagnols anticatalanistes à la "subversion" ouvrière, fût-elle catalane.

Parmi les soutiens et relais de propagande de Franco, on trouve le financier et homme politique Francisco Cambó, promoteur du règlement douanier de 1922, leader de la *Lliga regionalista*, qui monte depuis la France une radio de propagande pro-Franco et une collecte de fonds. On pourrait en dire autant du financier majorquin Juan March, de Salvador Dalí et d'industriels barcelonais moins connus.

Le franquisme

Franco abolit les statuts d'autonomie de la Catalogne, de la Galice et du Pays basque, mais n'oublions pas que la cible des franquistes est "les Rouges" avant tout, le catalanisme étant une circonstance aggravante pour le Rouge qui tombait entre leurs griffes. La sardane et la langue catalane ne représentaient guère un danger pour l'ordre social, à tel point que la danse se pratiquait le dimanche dans bon nombre de villes et de villages de Catalogne dans les années 1950, et qu'un recueil de chansons à l'intention des jeunesses féminines de la Phalange espagnole, parti fasciste créé en 1933 et mis sous coupe réglée des militaires en 1937, propose en 1943 des chants de toutes les régions d'Espagne, avec des textes bilingues en catalan et en castillan.

Ceci peut sembler étonnant. Mais il n'en est rien si l'on regarde les thèses des premiers fascistes espagnols et du dictateur Primo de Rivera : leur nationalisme espagnol s'accompagnait d'une exaltation des cultures régionales, que l'on retrouve dans le parc *El Pueblo español* construit dans les années 1920 ou dans des écrits du fasciste Giménez Caballero célébrant au même moment la culture catalane pour mieux l'assimiler. Franco, par ailleurs, a persécuté ses ennemis dans l'Espagne entière et non uniquement en Catalogne.

Tant au sein des organisations populaires que chez les catalanistes, Franco n'admettait pas l'organisation politique des revendications sociales ou nationales. Cela voulait dire que toute instance à même de donner un cap, une direction, comme les partis, les programmes et les journaux, était strictement interdit. Par contre, dans les deux cas, il finit par céder aux revendications économiques, tant qu'elles n'avaient pas cette transcendance politique. C'est ainsi que dans le cadre des corporations, certaines revendications furent entendues dans les usines à partir des années 1950 et que des commissions ouvrières furent tolérées; c'est ainsi que Franco fit, lui aussi, des concessions économiques à la Catalogne. Par exemple, les règles strictes limitant à 25 % la présence du capital étranger dans les entreprises espagnoles, en vigueur jusqu'en 1963, furent assouplies pour l'industrie pharmaceutique installée en Catalogne.

Plus encore, contrairement à leur volonté de renforcer le poids économique de Madrid – comme d'ailleurs les Bourbons du XVIIIe siècle qu'ils abhorraient –, les ministres de Franco n'ont pas négligé la Catalogne dans les investissements de l'Institut national de l'industrie (créé en 1941), ni dans ceux des plans de développement de 1964 et 1967. Conçus au départ pour développer les villes moyennes, ces plans ont réservé un cinquième des investissements à la Catalogne qui, au sortir du franquisme, en 1975, contribuait toujours pour un tiers à la richesse nationale, forte d'une diversification de son tissu industriel alimenté par une main-d'œuvre immigrée des régions pauvres de l'Espagne, ce qui a aggravé un phénomène latent de dépeuplement.

Les années 1960 voient l'éclosion de multiples formes de résistance au franquisme, au sein de la société civile et des ecclésiastiques catalans. La population étudiante de toute l'Espagne commence à exiger du changement. En Catalogne, ils se placent sur le terrain des aspirations nationales.

Durant cette décennie, l'Espagne s'intéresse à rejoindre la Communauté économique européenne (CEE), née en 1957. Lors du congrès du Mouvement européen de Munich de 1962, qui accueille une délégation espagnole composée d'opposants de l'intérieur et de l'exil, une série de conditions sont posées à l'Espagne en vue de son intégration. Outre les principes démocratiques, on lui demande "le respect de la personnalité des différentes communautés naturelles" [v. Documents]. Ce principe préside à la Constitution espagnole de 1978. Pour Franco, il s'agit d'un "complot" intolérable qui sape à distance les principes de son régime. La place de la Catalogne en Europe est ainsi définie par Jordi Pujol, homme politique clé des années 1980 et 1990 : poste avancé de l'Espagne en Europe, poste avancé de l'Europe en Espagne. On retrouve alors cette position frontalière de "marches".

Transition et démocratie : 1975 - aujourd'hui

Tous les Espagnols, et parmi eux les Catalans, voient en la mort du dictateur une ouverture vers des possibilités de réaliser leurs aspirations individuelles, sociales et nationales. Le dernier président de la *Generalitat* en exil, Josep Tarradellas*, revient au cri de "Me revoici" *(Ja sóc aquí)*, mais il est vite évincé par Jordi Pujol, un politique aux ambitions personnelles et nationales plus larges. Le premier comptait au premier chef rétablir la *Generalitat* comme levier, alors que Pujol voyait trois étapes : d'abord la démocratie, puis l'autonomie, enfin le rétablissement de cette institution séculaire. Tarradellas défend dans ses souvenirs l'efficacité, invitant à ne pas demeurer accroché aux revendications historiques :

> "Le juste chemin de la négociation avec le Gouvernement central ne passait pas par les revendications historiques. C'est là une voie qui nous plaît beaucoup, beaucoup trop, à nous, les Catalans. Elle nous permet de nous abandonner à un exercice de complaisance envers nous-mêmes qui cache une histoire d'échecs dont nous rendons coupables les autres au lieu de nous-mêmes" [TARRADELLAS, 1990].

La commission constituante de 1977, issue des premières élections libres depuis février 1936, compte parmi ses huit membres Miquel Roca i Junyent*. Le problème, écrit l'un de ses membres dans ses mémoires, était de "garantir les autonomies exigées par les faits différentiels, sans affaiblir l'unité espagnole" [HERRERO DE MIÑÓN, 1993]. La Constitution de 1978, ratifiée par 80 % des votants y compris en Catalogne (taux d'abstention de 30 % en moyenne, abstraction faite du Pays basque), est donc le cadre d'un système décentralisé mais pas officiellement fédéral, prévoyant des autonomies à la carte, selon le degré de sentiment national de chaque région, appelé à évoluer avec le temps. C'est l'heure du "café pour tout le monde" que définit ainsi Miquel Roca :

> "Ce que fait la Constitution, c'est de dire : il y en a parmi nous qui se sentent nationalité, d'autres qui se contentent du concept de région ; que chacun choisisse ce qu'il souhaite se sentir [...] ce qui est une évidence c'est que les autonomies ne peuvent pas être égales pour tous. Elles ne peuvent être égales parce que l'autonomie comme auto-gouvernement, comme pouvoir politique, implique des charges très importantes" [ROCA I JUNYENT, 1982, p. 162].

Comme sous la Seconde République, la Catalogne est la première servie en matière d'autonomie, avec son statut obtenu en 1979. Mais comme le processus est perçu comme évolutif, les nationalistes catalans ont élaboré, entre 2002 et 2006, un nouveau statut qui donnait à la Catalogne le statut de "nation". Le statut est ratifié, mais un recours déposé par le Parti populaire de José María Aznar et Mariano Rajoy aboutit à son annulation en 2010. Depuis, l'orientation vers un processus d'indépendance est nette.

L'histoire de la Catalogne est l'histoire de négociations, que ce soit avec les rois d'Aragon ou avec ceux d'Espagne. Entre 1989 et 2008, les gouvernements de la monarchie ont eu besoin des sièges des partis nationalistes catalans et basques (respectivement CIU* et PNV*, à l'appui du Parti socialiste en 1989, 1993, 2004 et 2008, du Parti populaire en 1996) pour assurer leur majorité absolue à la Chambre des députés, ce qui les a obligés, encore une fois, à accorder des concessions. Ce rôle essentiel permettait aux partis catalanistes de monnayer leur soutien, dans une logique, une fois encore, de tractations avec l'État central.

L'annulation du statut de 2006 en 2010 et la grave crise institutionnelle, sociale et économique traversée par l'Espagne à partir de 2007-2008, le remplacement du personnel politique hérité de la Transition, ont été favorables à un coup d'accélérateur de la part des tenants du projet catalan.

CATALOGNE :
POLITIQUE ET DROIT, LANGUE ET NATION

Le droit, comme toutes les approches de la vie humaine, est interprétatif, et à son tour, en tant que fait humain (et social), il est interprété. Les fins de cette interprétation, menée à bien par les sciences humaines, sont plurielles : le droit devient archive, preuve, objet venant corroborer ou infirmer tout récit, qu'il soit historique ou social, que ses fins soient informatives, pédagogiques ou prescriptives.

Il y a eu en Espagne dans les années 1970 l'ambition et la volonté de proposer une transition pacifique d'un régime à un autre par le pacte négocié avec son débouché normatif, le contrat et la loi. Ainsi, pensait-on, s'éloignait le spectre du coup de force ou du coup d'État. Mais le désenchantement s'est durablement installé depuis. "Nous avons tous cru qu'il s'agissait d'un commencement et qu'à partir de ce moment-là les choses s'ajusteraient aux réalités, mais il semble que ça n'a pas été le cas" : tel est le jugement que porte l'historien Josep Fontana en dressant un bilan possible des quarante dernières années [Fontana, 2017].

En matière de configuration du nouvel État issu de cette transition de la dictature franquiste à la démocratie parlementaire, est né, fruit de la négociation politique, un État à modèle spécifique, résultat d'un compromis assumé, certes imparfait, mais qui assurait, dans le contexte européen assez tendu des années 1970, une démocratie politique très avancée accordant aux communautés régionales – c'est le point qui nous importe – une très large autonomie sans équivalent ni dans l'histoire espagnole ni en Europe. Les récents événements montrent que, même si la mémoire de la nécessité d'un changement par le droit, autrement dit sans violence majeure, reste dominante dans l'esprit des Espagnols, le coup de force des gouvernants catalans du 20 octobre 2017 indique peut-être, encore sous forme d'hypothèse, que cette volonté de régler les conflits par le consensus et par le droit est aujourd'hui en bout de course. Il s'agit d'une inquiétude exprimée déjà avant et pendant les années de transition par ceux qui observaient ce processus à droite ou au centre.

"Où allons-nous ? Ne sommes-nous pas en train de miner l'Unité nationale ? N'est-il pas risqué de soumettre notre pays à une telle diversité de points de vue ?" : ainsi s'exprimait en 1967 le chroniqueur politique franquiste Torcuato Luca de Tena [1967]. Le sénateur Gregorio Monreal Zía indiquait qu'en 1977, tous les démocrates, qu'ils soient nationalistes basques ou espagnols, partageaient un objectif commun : "En finir avec la dictature et pousser au changement de culture politique" [Monreal Zía, 2002]. Il fallait donc qu'une certaine forme de relativisme et de pragmatisme s'impose dans un pays qui n'y était pas accoutumé.

Cette inquiétude était le fait de la droite espagnole au milieu des années 1960 ; puis elle a gagné la pensée institutionnelle et universitaire comme la gauche anticapitaliste, quand il s'est agi de penser non plus au changement mais à la durée. Ce sentiment s'est amplifié au fil du temps devant les lenteurs des avancées sociales, les déceptions liées au retour au pouvoir d'une droite décomplexée et ultralibéral, les renoncements de la social-démocratie et les différentes crises économiques et sociales des quatre décennies suivantes. En témoignent certains ouvrages critiques comme celui de l'économiste Juan Carlos Monedero, l'un des fondateurs et inspirateurs de Podemos (*La transición contada a nuestros padres*, 2011), ou celui de l'historien marxiste Ferrán Gallego, *El mito de la transición* (2008), pour ne citer que deux exemples emblématiques de cet état des choses. Ferrán Gallego affirme dans son livre une évidence :

> “En politique, le consensus n’est pas normal. La normalité c’est le conflit, sous des formes différentes, d’où naît la démocratie. Aucun pacte ne nous lie à la Constitution, qui n’a été que le produit d’un moment.” [GALLEGO, 2008].

La question qui cristallise tous les scepticismes est aujourd’hui, de toute évidence, ce que nous appellerons *la crise catalane* : crise politicienne dans un premier temps, crise politique ensuite, et crise nationale pour terminer.

L'INVENTION DU RÉCIT NATIONAL CATALAN

Les populations qui composaient les provinces de l'Empire romain de la péninsule étaient souvent locales, très anciennement issues d'un mouvement de migration. L'Empire modifiait profondément cette donnée par un assez fort et assez systématique apport colonial. Selon Patrick Le Roux, quand il fut question de faciliter et de stabiliser les relations entre les populations de statut romain et les autres au moment de la conquête de la péninsule ibérique par Rome ; c'est-à-dire les populations antérieurement installées, Ibères, Celtes, Phéniciens ou Grecs, une "mutation culturelle et sociale sans heurts" fut menée, qui s'appuyait sur "la politique, le droit et l'autonomie locale" [Le Roux, 2014]. Les apports extérieurs ne cesseront jamais, soit à la suite de la désagrégation de l'Empire romain, soit par la conquête (invasions germaniques et arabo-berbères). Ne cesseront donc jamais les mutations culturelles, en particulier linguistiques et juridiques, ayant pour but et pour conséquence de créer de nouveaux maillages interprétatifs adaptés aux temps nouveaux de la latinité post-impériale.

La construction du droit péninsulaire a donc bénéficié de ce double mouvement : superposition et coexistence de droits dont l'évolution fut constante. Les points de bascule de ce mouvement furent liés aux différentes phases de colonisation de la péninsule.

L'histoire et l'anthropométrie au secours de l'identité catalane

Le premier de ces points de bascule est l'édit de Caracalla (*Constitutio antoniniana*) de l'an 212 qui étend le droit de citoyenneté à tous les hommes libres (*peregrini*, sujets provinciaux non citoyens), jusque-là soumis à un droit spécifique, le *ius gentium*. Cet acte constitue un moment essentiel dans un premier développement d'un droit commun qui aura pour effet de modifier la vision du droit, en passant de critères d'origine et d'appartenance à des critères territoriaux. Il s'applique à tous ceux qui vivent dans l'espace romain : "Je donne la citoyenneté romaine à tous les pérégrins du monde habité, toutes les formes d'organisation municipale étant maintenues, exception faite pour les déditices".

Il fut ébauche de droit commun, même si ses effets seront limités par la résistance des droits particuliers, droits antérieurs, en particulier dans les villes bénéficiant de fors (privilèges) fiscaux et commerciaux que les termes mêmes du décret semblaient pourtant protéger. Sa portée était donc restreinte, si l'on considère le maintien de droits particuliers et l'application du principe de subsidiarité*, celui qui régissait à la fois les limites de l'application des lois particulières et les limites juridictionnelles de l'action de l'État. Cela confère à l'édit une dimension universelle faussée, puisque sont exclus les esclaves et probablement (la question est controversée) les *déditicii*, pérégrins qui s'étaient rendus sans condition après avoir combattu Rome. Ils se voyaient interdire le *ius commercii* et le *ius connubii* [Daremberg, Saglio, 1877].

Le second point de bascule est lié aux invasions germaniques. La constitution d'un royaume wisigoth dans le centre de la péninsule fut accompagnée de l'apport d'un autre droit général, lui aussi imprégné d'influence romaine, inspiré des mêmes mécanismes (droit supplétif, principe de subsidiarité) alors que la partie nord-est de la péninsule fut assez vite soumise à la domination des Francs. L'Empire carolingien transformera cet espace en zone tampon devant l'avancée musulmane, la *Marca hispánica*, davantage organisation militaire et féodale que territoire de colonisation et d'intégration. En 1953, l'historien Jaume Vicens i Vives fixait de façon péremptoire les débuts de l'existence catalane au moment de la formation de la "Marche d'Espagne" :

> "Le lancement historique de la Catalogne s'est fait à partir d'une plateforme concrète : la *Marca hispánica*, partie transpyrénéenne du réduit européen carolingien" [Vicens Vives, 1960].

Cependant, les lois wisigothes continuaient de s'appliquer, les institutions publiques ne cessant pas de s'en inspirer tout au long du xe siècle : "En Catalogne et en Septimanie, on s'appuie toujours sur la loi écrite d'inspiration romaine (*lex Wisigothorum*)" [Debord, 2000].

Enfin, après la réunion et l'unification des deux royaumes chrétiens péninsulaires, la Castille et l'Aragon, le troisième point de bascule fut le changement de dynastie qui intervint au début du xviiie siècle avec l'attribution de la couronne d'Espagne au petit-fils de Louis XIV, Philippe d'Anjou.

Le moment le plus caractéristique du très long règne de Philippe V fut, entre 1707 et 1716, la promulgation des décrets d'unification du Royaume, appelés *Decretos de Nueva Planta**, dans un contexte de guerre civile et dynastique. Ces décrets prévoyaient la suppression des fors et privilèges des régions rebelles mais également la mise en route, d'une part d'un projet de rationalisation fiscale et juridique (c'est le sens de l'expression *Nueva Planta*, "nouvelle organisation") par la création des intendances en 1720, d'autre part d'un travail de cartographie et de recensement, à l'image du projet français de Cassini, dont les trois résultats les plus caractéristiques sont le cadastre dit *Catastro de Ensenada* (1749), l'*Atlas géographique de l'Espagne* de Tomás López (1755) et le *Nomenclátor* de

Floridablanca (1789). Le XIXe siècle apportera, après la rupture de régime occasionnée par l'invasion napoléonienne, une touche finale à la centralisation fiscale et juridique du pays, avec la création des provinces par Javier de Burgos en 1833, structures administratives et politiques qui se maintiennent encore aujourd'hui dans le cadre de l'autonomie régionale, mais aussi la généralisation du droit commun et la rationalisation de la loi par le code.

L'histoire officielle nationaliste peut donc tout aussi bien affirmer que la revendication catalane remonte à la guerre civile du début du XVIIIe siècle, dite Guerre de succession entre le roi Bourbon Philippe V et les partisans des Habsbourg, ou à ces autres guerres de succession que furent les guerres carlistes. Elle peut aussi la faire remonter à la fondation du *Principat* au XIVe siècle ou même au moment de l'unification féodale des comtés catalans au XIe siècle, voire aux temps du comte Guifred le Velu (*Joffre el Pilós*).

Quoi qu'il en soit, nous nous retrouvons devant une mise en ordre d'un récit national qui repose sur une idée centrale : la Catalogne, en tant qu'entité territoriale et étatique, a un passé d'indépendance qui a été en permanence contrecarré par la volonté de domination du puissant voisin castillan. Or cette indépendance n'eut jamais lieu, surtout si l'on ne néglige pas ce qu'était la verticalité de la structure impériale romaine ou le fait que les rapports de service et de vassalité entretenus au Moyen Âge à partir du Xe siècle entre barons et ducs ne ressemblaient en rien à des contrats signés entre contractants libres et égaux. Ils étaient souvent le fruit de la domination de l'un sur les autres ou de nécessités de protection militaire, sans qu'il soit question de l'existence d'un État au sens contemporain du terme. Il est clair que du point de vue de l'histoire, la Catalogne médiévale fut tout d'abord un ensemble de comtés vassalisés qui finirent par prêter serment d'allégeance à la couronne d'Aragon*.

Ainsi, quand dans la résolution présentée au vote du Parlement catalan le 27 octobre 2017, il est fait référence aux droits historiques et culturels de la Catalogne, auxquels le texte donne mille ans d'existence, on ne peut que s'interroger sur la vraisemblance de cette affirmation. Elle relève davantage d'une incantation millénariste, agissant sur le corps social à coups de subjectivité socioculturelle, de sentiments et d'émotions. Elle repose sur un critère sous-jacent de continuité des institutions catalanes et du plein exercice de leurs compétences qui ne reflète en rien la véritable chronologie des faits :

> "La nation catalane, sa langue et sa culture ont mille ans d'histoire. Au cours des siècles, la Catalogne s'est dotée et a bénéficié d'institutions particulières qui ont exercé leur autogouvernement en toute plénitude, la Généralité étant l'expression majeure des droits historiques de la Catalogne." [Coromines Díaz *et al.*, 2017].

Mais il reste une affirmation magique : celle d'une existence remontant à la nuit des temps, autrement dit infiniment plus longue que celle d'autres États d'Europe et, surtout, qui opère l'effacement subreptice de longues périodes de tutelle (féodale ou régalienne). Cette magie se retrouve dans un vocabulaire institutionnel et protocolaire repris de ce passé médiéval tardif: *Principat*, *Generalitat**, *Honorable* et *Magnific*. Les références communes du droit catalan en tant que droit spécifique national renvoient aux *Costums*, aux *Usatges* et autres *Constitucions* propres au droit médiéval particulier, qu'elles confondent avec l'ordonnancement juridique moderne né de l'écroulement de l'Ancien Régime au moment de l'invasion napoléonienne et du processus européen de codification qui en est résulté. Il serait aussi vain de demander le retour aux *Constitucions* de 1430 que de voir la ville de Montpellier se référer au *Petit Thalamus* (1260-1320) pour revendiquer des droits de passage ou des droits fiscaux particuliers, comme il serait vain de se fier aux cartulaires carolingiens pour justifier les cadastres contemporains. Il est vrai également que les historiens catalans du droit connaissent le problème et tentent de le minimiser en faisant référence aux racines romaines et écrites du droit catalan :

> "La Catalogne n'est pas [...] à proprement parler un pays de droit coutumier ; la plus grande partie de sa législation particulière ou de sa législation reçue disposait de solides racines romaines. C'était aussi un pays de droit écrit." [Serra i Puig, 2015].

Dans cette revendication millénariste, on lit surtout une volonté contemporaine de brouillage des faits. Elle repose souvent sur une vision biblique du rapport au peuple et à la terre : Peuple élu et Terre promise. Elle s'appuie sur l'histoire et le droit, et l'on peut dire qu'un corps de doctrine substantiel a été développé depuis une quarantaine d'années en ce sens. Elle évite de se référer à de quelconques racines génétiques, ce qui fut cependant le lot habituel des nationalismes dès la fin du XIXe siècle. Pourtant, cette dernière tentation n'épargne pas les mouvements nationalistes catalans d'aujourd'hui. Nous en voulons pour preuve cet article écrit par Oriol Junqueras, le dirigeant d'*Esquerra republicana* (Gauche républicaine de Catalogne), actuellement emprisonné et qui, le 27 août 2008, se livrait à une analyse quelque peu étrange d'un document de seconde main dont s'était fait écho le *New York Times*, résumé d'une étude émanant du Medical Center de l'Erasmus University de Rotterdam sur le spectre génétique des peuples d'Europe. Il en tirait la conclusion suivante :

> "Actuellement, l'écart génétique entre le nord et le sud est plus grand qu'entre l'est et l'ouest. Autrement dit, il y a beaucoup plus de différences entre un Irlandais et un Portugais ou entre un Polonais et un Grec ou entre un Portugais et un Grec qu'entre un Irlandais et un Polonais. Par ailleurs, il n'y a que trois États (seulement trois !) où il a été impossible de regrouper toute la population dans un seul groupe génétique. En Italie ;

> en Allemagne, si l'on s'en tient approximativement à la vieille frontière linguistique qui sépare l'allemand maritime de l'allemand continental ; et en Espagne, entre Espagnols et Catalans. Concrètement, les Catalans sont plus proches génétiquement des Français que des Espagnols, plus proches des Italiens que des Portugais et assez proches des Suisses. Alors que les Espagnols sont plus proches des Portugais que des Catalans et très peu des Français. Voilà qui est curieux..." [JUNQUERAS, 2008].

Ce recours à une histoire immémoriale (celle de la différence des marqueurs génétiques comme fondement du droit à la différence) n'est ni nouvelle ni spécifiquement catalane. On le retrouvait en Espagne à la fin du XIXe siècle, en particulier dans la vaste entreprise anthropomorphique fomentée par le médecin et chercheur Federico Olóriz Aguilera (1855-1912). Ce professeur titulaire de la chaire d'anatomie de l'université de Madrid avait accumulé des données qui constituèrent la base de son *Manuel de technique anatomique*. Il se consacra entièrement à l'anthropométrie avec l'ambition de recueillir des données à travers toute l'Espagne afin d'établir un supposé indice céphalique des Espagnols. Il en résultera l'ouvrage homonyme, qui deviendra à partir de 1894 une référence pour les anthropologues racialistes, sans pour autant dégager de constantes claires ni de différences notables entre régions espagnoles. Il aura pourtant les honneurs, au moment de la publication de son manuel, d'une note de synthèse publiée dans le *Bulletin de la Société d'anthropologie de Paris* [AZOULAY, 1894].

Dans les années 1990, le besoin d'étayer le discours indépendantiste sur de supposés critères anthropologiques et génétiques était encore persistant ; il était aussi l'une des marottes de Xabier Arzalluz, alors président du PNV. On le retrouvait également dans les discours de Jordi Pujol* publiés dans son ouvrage *La inmigració, problema i esperança de Catalunya* (1976). L'utilisation de la génétique ou de caractères génétiques différents supposés de tel ou tel groupe national, élargie à des critères plus subjectifs de "mentalités", correspond de façon générale au discours particulariste qui s'est développé en Europe sur ces bases pseudo-scientifiques, discours repris avec une finesse plus ou moins grande par des nationalismes en mal d'identité comme le fit Xabier Arzalluz au début des années 2000 :

> "Je ne suis pas en train de dire que les Basques ont droit à je ne sais quelle suprématie. La question du sang et du rhésus négatif confirme seulement que ce peuple ancien a des racines particulières, que l'on peut identifier depuis la préhistoire, comme le soutiennent les recherches de généticiens réputés." [Galán, 2000].

Jordi Pujol, peu de temps avant qu'il n'assume son premier mandat de président de la Généralité de Catalogne, brossait un curieux portrait des Andalous, en faisant des êtres imparfaits mettant en péril la catalanité qui, bien au contraire, était animée par *el seny*, une sorte de bon sens inné devenu dès le milieu du XIXe siècle "un symbole culturel de la Catalogne" :

> "[L'homme andalou] est un homme inachevé, un homme qui connaît la faim depuis des siècles et qui vit dans un état de grande ignorance et de misère culturelle, mentale et spirituelle. C'est un homme déraciné, incapable d'avoir une quelconque fibre communautaire… Je l'ai déjà dit, c'est un homme défait et anarchique. Si, par le nombre, il en venait à dominer sans avoir surmonté sa propre faiblesse, il détruirait la Catalogne. Et il imposerait sa mentalité anarchique et élémentaire, c'est-à-dire son absence de mentalité." [Pujol i Soley, 1976].

Les scientifiques et anthropologues contemporains font preuve d'une bien plus grande prudence, sachant que leurs analyses pourraient être utilisées à des fins racialistes étrangères à leurs travaux. Nous prendrons comme exemple de cette prudence les écrits du juriste catalan Mauricio Serrahima qui, dans les années 1960, répondait au philosophe Julián Marías, disciple d'Ortega y Gasset, qui contestait l'existence d'une nation catalane. Dans sa réponse, reprenant en partie la pensée d'Ernest Renan ("Une nation est un principe spirituel, résultant des complications profondes de l'histoire"), il démentait l'existence d'une race catalane, admettant "seulement un mode de vie, probablement acquis, et une structure sociale particulière dans laquelle ont pu s'intégrer, au fil des siècles, tous ceux qui se sont installés en Catalogne." [Serrahima, 1967].

Rappelons également l'analyse très fine de la question que proposait l'anthropologue basque Julio Caro Baroja quelques années plus tard, en particulier quand il énonçait sept critères définissant ce qu'est le populisme d'aujourd'hui, renvoyant dans leurs cordes aussi bien les défenseurs de l'hispanité, calquée sur l'*italianità* fasciste ou sur le *Volksgesit* romantique instrumentalisé par les Nazis, que les nationalistes anti-espagnols, dont il dit avec l'ironie qui caractérise son style :

> "Ils ont tous leur langue vernaculaire, ils savent tous que 'Madrid' est la coupable de leurs maux, qu'il faut détruire tout l'existant pour construire sur de nouvelles fondations. On entend ça même dans les supermarchés dans la bouche des commères qui s'apprêtent à acheter un pot de Nescafé ou de se lancer dans une opération tout aussi révolutionnaire." [Caro Baroja, 1998]

Certains chercheurs catalans n'hésitent pas à employer ces mêmes critères à propos de l'Espagne, évoquant un récit national sans fondements, une "Espagne inventée", pour reprendre le titre d'un célèbre ouvrage de l'historien Inman Fox, qui résulterait de la rupture de régime provoquée par l'invasion napoléonienne, le national-romantisme, la captation de l'héritage arabo-andalou, puis, finalement, la construction de l'État moderne au XIXe siècle [Marfany, 2017]. L'Espagne ne serait qu'une construction sans unité – un État, pas une nation. À ce déterminisme définitif, Julio Caro Baroja oppose une autre vision des choses, beaucoup plus relativiste : "Toute identité est dynamique. Autrement dit, variable" [Caro Baroja, 1998].

Les Espagnols se souviennent qu'en 2000, l'Académie royale d'Espagne publiait un ouvrage collectif qui fit grand bruit parce qu'il tentait de montrer, par l'argumentation historique, la réalité de l'existence d'une nation espagnole. Un ouvrage que l'Académie présentait comme "un devoir institutionnel" en vue d'affirmer "l'incontestable condition nationale de l'Espagne" [Real academia de historia, 2000]. Le ton volontairement polémique de la postface d'Antonio Rumeu de Armas montrait à quel point, au début de ce siècle, le besoin d'affirmer cette "condition nationale" était tout aussi obsessif. Cet ouvrage ressemblait à une "montée au front" des défenseurs de l'unité espagnole qui craignaient par-dessus tout de reprendre le discours franquiste de "l'unité de destin" afin de ne pas être rangés du côté du fascisme historique. L'obstination des nationalistes catalans et basques à ne jamais parler d'Espagne mais toujours d'État espagnol, niait implicitement que cet ensemble politico-administratif puisse être considéré comme une nation, mais plutôt comme une construction sans fondements, née d'un usage de la force illégitime (occupation, colonisation, etc.).

Une vision française de la Catalogne

Les certitudes ou interrogations sur la spécificité catalane ne sont pas seulement endogènes. Les stéréotypes qui l'alimentent ont aussi été développés en France par une pensée géopolitique et diplomatique, plus ou moins vigoureuse selon l'état d'affaiblissement ou d'isolement de l'Espagne. Elle constitua, plus particulièrement, le substrat de nombreuses communications diplomatiques à usage interne, tout au long du xxe siècle. En voici quelques exemples, consignés dans le fonds Barcelone des Archives consulaires de Nantes (acn).

Le 8 janvier 1960, alors que le Plan de stabilisation produit ses effets et que l'Espagne voit apparaître des signes de redressement, le consul de France en poste à Barcelone Jacques Juillet, devenu entre-temps ministre plénipotentiaire, s'adresse à l'ambassadeur de France en Espagne, Roland de Margerie, pour essayer dans un premier temps de compléter ce qu'il affirme depuis toujours, c'est-à-dire les qualités industrieuses des Catalans [Archives consulaires de Nantes, 1960]. Tout d'abord, il s'entoure des précautions d'usage en signalant que "l'arithmétique espagnole est différente de la nôtre". Il indique qu'il y a deux sortes d'Espagnols, tout d'abord les Catalans, qui regardent vers le nord de l'Europe et vers la France et qui, "pénétrés des coutumes phéniciennes", sont des commerçants "dénués de mysticisme oriental", et ceux du Sud, qui sont leur exact contraire. Cette opposition, il la juge manifeste quand il met côte à côte la splendeur des fêtes des privilégiés (celles du comte Godó, propriétaire de *La Vanguardia* ou celles de Fèlix Millet et ses réceptions champêtres et musicales de *La Garriga*), qui sont Catalans, et la misère du peuple espagnol, son déficit d'éducation et la médiocrité de l'administration de l'État : "on vit en Catalogne l'époque du Régent."

Les pauvres souffrent d'un "mal espagnol", la résignation, qui les empêche de se révolter contre cette misère excessive. L'économie est au plus mal, les entreprises périclitent "parce que l'État ne paie pas ses dettes", le pouvoir d'achat s'est effondré "de 30 à 40 %" :

> "L'Espagne est un pays pauvre qui a besoin d'argent. Pour en obtenir, on est tour à tour et avec une remarquable souplesse germanophile, arabophile, américanophile, francophile…" [Archives consulaires de Nantes, 1960].

Ce jugement sévère conduit même le consul à estimer que l'Espagne a vendu son âme aux Américains en leur concédant des bases militaires. Il pense que cette décision espagnole est un piège : "[les Américains] s'y installent comme ils l'ont fait au Texas avant de la coloniser" [*Ibid.*].

Cette politique de bascule "tout orientale", selon Jacques Juillet, "si proche de celle de Nasser", convient à une nation dont le portrait qu'il propose est loin d'être flatteur :

> "Le régime excessif d'orgueil et de pénitence entretenu par la carence d'une administration médiocre et par la bêtise d'un clergé rétrograde qui fait que l'Espagne n'est plus [...] une nation catholique, mais cléricale, l'empêche de se relever" [*Ibid.*].

En Catalogne, selon le consul, les querelles religieuses révèlent le fossé qui sépare les Catalans des Espagnols. Les différences de traitement de la pauvreté, le soutien à l'identité catalane, à l'usage de la langue dans la liturgie, sont les signes d'un éloignement entre l'Espagne et une société catalane qui, à l'image de ses religieux, "regarde vers la France" – et certains de ses laïcs y trouvent quelquefois refuge. Les Castillans opposent aux Catalans un mépris symétrique. Le directeur désigné par le pouvoir du quotidien barcelonais *La Vanguardia*, Luis de Galinsoga, l'avait rendu manifeste en déclarant *"Todos los catalanes son una mierda"*, provoquant le boycott massif de son journal. Il est à l'origine de l'un des premiers mouvements sociaux de protestation d'envergure contre la dictature après le boycott des tramways de 1951. Ces événements ont eu lieu en 1957. Le consul prend d'ailleurs soin d'indiquer qu'en temps et en heure, il avait mentionné ces faits dans une série de dépêches et de rapports. Dans un rapport qu'il avait envoyé le 15 janvier 1957 il affirmait déjà que "dans un pays qui a subi, plus que tout autre, les influences africaines et orientales, le plus fort est le chef" [Archives consulaires de Nantes, 1960]. D'ailleurs, le seul qualificatif que le consul emploie en évoquant le personnage de Galinsoga, c'est celui d'"antifrançais notoire" qui passe son temps "à nous vitupérer".

“Le Catalan, bien que de tempérament anarchique, n’aime pas le désordre”, dit le consul. Le désordre en Espagne tourne vite à la sauvagerie, ce qui a pour conséquence qu’en Catalogne, l’ordre *avec* Franco est préféré au désordre *sans* Franco. Les Catalans sont de fervents Européens, ou, en tout cas, les plus sincères de toute l’Espagne. Et le consul nous fait savoir qu’“en parlant de l’Europe, ils pensent à la France et nous adressent de grands éloges depuis que le général de Gaulle est le chef de l’État”. Il relie ce sentiment à un besoin qui ne s’est jamais démenti depuis la *Marca hispánica* carolingienne. Il ajoute cependant une nuance à propos de la jeunesse, qu’il ne sent pas européenne dans l’âme, parce que “l’échafaudage européen” n’est soutenu par aucun esprit.

La conclusion est une merveille du genre, reprenant l’un de ces *a priori* classiques qui veut que les sociétés humaines sont aussi affaire de climats, l’air méditerranéen distillant chez ceux qui en subissent les effets, indolence et fatalisme :

> “L’insouciance y est grande aussi car le climat méditerranéen incite à ne pas prévoir, ce qui rend peu gouvernable cette province d’Espagne qui n’est pas une province espagnole. Au cas où nous voudrions tirer réflexion de ces notes résumant l’état de l’opinion en Catalogne en ce début d’année 1960, nos étalons de mesure nous induiraient en erreur. Si le Catalan, qui est rarement soldat ou fonctionnaire, proteste, critique, jure qu’il va passer à l’action, il attend avec fatalisme… sans pouvoir préciser quoi !” [*Ibid.*].

Le stéréotype catalan au secours de la stratégie européenne du gaullisme

Le 2 décembre 1960, le consul adresse un épais document de 50 pages aux services centraux de la direction Europe du ministère, révélateur des ambitions plus ou moins avouées de la France, ou en tout cas de sa diplomatie, de considérer la

Catalogne comme le possible prolongement d'une Europe centrée autour de la France. Le texte mis en exergue est, en soi, un fleuron du stéréotype catalan développé par la diplomatie française :

> "CATALOGNE : pointe avancée de l'Europe et port oriental, montagneuse et maritime, agricole et industrielle, travailleuse et nonchalante, républicaine et monarchiste, artiste et bourgeoise, africaine et coloniale, méthodique et anarchiste [...] terre de contrastes, d'oppositions, dans le relief comme dans l'histoire [...] de ces Pyrénées de l'Orient on regarde à la fois vers l'Europe, vers l'Afrique, vers la Méditerranée [...]." [ARCHIVES CONSULAIRES DE NANTES, 1960].

Un authentique morceau de bravoure qui renvoie à certains textes nationalistes du début du XXe siècle, ceux du poète Joan Maragall*, par exemple, qui écrivait en janvier 1904 :

> "L'âme catalane est pyrénéenne-méditerranéenne : les rudes Pyrénées forment une vague minérale qui descend et s'adoucit en approchant la douce mer latine, mer au clair horizon. Au-delà de cet horizon on trouve les lumières italiennes et grecques. L'âme catalane est à la fois rude et lumineuse." [MARAGALL, 1904].

Si nous oublions le stéréotype éculé de la "terre de contrastes", il est plus intéressant de voir comment le consul général le met à profit pour dégager une ligne d'approche cohérente du Catalan : contradictoire, double et donc, par défaut, étranger à la raison française ou en tout cas mettant en échec les critères d'approche que représente cet autre stéréotype que les Français s'appliquent à eux-mêmes : leur supposé cartésianisme. On est loin des proximités et parentés avec la France. La diversité géographique, les dissemblances entre les zones intérieures et maritimes, entre la "Toscane" de la Tarragonaise et la "Vasconie" de l'Est catalan, le conduisent à affirmer que son "anarchie géographique" est sans doute la cause du tempérament catalan. Le paysage fait donc l'homme et le façonne à son image, c'est là la vision somme toute classique de la fonction centrale maternelle de la terre qui aura son heure de gloire, avant qu'au XIXe siècle n'apparaissent l'anthropométrie sociologique et ses critères de classement des humains selon l'apparence et le profil biologique.

Dans le rapide historique qu'il propose, le consul met surtout en avant le fait que "pendant cinq siècles (jusqu'en 1258), la Catalogne ne dépendra de fait, puis de droit, que des rois de France", situation rompue tout d'abord par son intégration à la couronne d'Aragon, puis au moment des alliances entre familles dynastiques qui aboutiront à l'unification sous la seule couronne d'Espagne avec Charles Quint. Le consul souligne que les Français, depuis Louis XI, ont toujours soutenu les différentes révoltes des Catalans contre la couronne d'Aragon puis d'Espagne. Après avoir insisté sur les efforts de conquête de l'autonomie (la *Mancomunitat** de la fin du XIXe siècle, l'*Estatut* des temps de la Seconde République), il souligne qu'en 1960, malgré la répression, l'absence de libertés et la politique d'immigration massive "de populations de langue castillane", le franquisme n'a pas réussi à soumettre la Catalogne.

Cette monographie, qui s'étend dans sa dernière partie sur la présence française en Catalogne, ne dévoile que le trait anarchique du tempérament catalan, pour surtout s'attarder sur la fragilité des liens qui unissent cette région à l'Espagne et sur la francophilie qui domine dans ses élites. Cette vision d'une Catalogne francophile conduira d'ailleurs certains des diplomates, en poste à Barcelone à différentes époques, à envisager d'encourager des sentiments "rattachistes" qui pourraient s'y manifester et à spéculer sur une remise en question du traité des Pyrénées de 1659.

Ce mouvement se mesure bien dans le long rapport politique que Jacques Juillet adresse à Roland de Margerie le 30 janvier 1961… [ARCHIVES CONSULAIRES DE NANTES, 1961].

Il se livre à une relation précise des mouvements estudiantins, des mouvements sociaux, des changements de personnel à la tête des institutions de l'État et des institutions locales pour montrer les inflexions de la politique de Madrid. De temps à autre apparaît une appréciation sur la collusion entre l'État et les élites financières et industrielles. Elle repose sur un trait qui, encore une fois, est emprunté à la vision castillane d'un Catalan *pesetero*, proche de ses sous :

> "Le régime s'efforce de masquer la misère du peuple, aidé en cela par la bourgeoisie qui fait l'aumône par pharisaïsme et pour laquelle un geste généreux est un geste inaccoutumé."

Mais il revient également à ce qui devient une authentique idée fixe dans ses rapports : la francophilie sans borne des Catalans :

> "Orientée vers la France, au moins depuis Charlemagne, les Catalans vivent de notre liberté, de nos arts, de notre culture et de nos idées libérales. [...] Les sept siècles d'occupation arabo-berbère qui pèsent sur l'Espagne, alors que la Catalogne n'a subi ce joug que cinquante années, expliquent pour une grande part ce sentiment de solidarité européenne devant l'Africain, ainsi que l'inimitié réciproque des populations au-delà et en deçà de l'Èbre, véritable frontière."

Les termes de sa conclusion développent cette vision contrastée, en des termes qui rappellent ceux de l'écrivain et essayiste pétainiste Georges Suarez en 1944 : l'Espagne, loin d'être une partie de l'Europe, est un pont entre l'Europe et l'Afrique, et la Catalogne "une terre de paysans montagnards et de marchands orientaux" [Suarez, 1944]. Les poncifs s'accumulent donc : les uns, vieux Catalans des montagnes dotés de deux vertus caractérielles, la ténacité et "un farouche esprit d'indépendance" ; les autres, urbains et cosmopolites, "puissants par leurs richesses, s'évertuant non sans vanité de jouer aux *caballeros*...". Mais, en creux, c'est, cette fois le stéréotype castillan qui est décrit, du point de vue catalan. La Castille est présentée comme "une terre de seigneurs, de sang et d'allure", qui méprise et jalouse le succès de ces travailleurs obstinés que sont les Catalans.

Cette conclusion conduit le consul Juillet à considérer que, bien que d'ordre psychologique, cette rivalité dont il dit qu'elle "frappe le nouvel arrivant" suscite cependant une émulation positive "propre à servir la cause européenne". Or nous savons qu'un an à peine après l'envoi de ce rapport, l'Espagne effectuera, par un courrier de son ministre des Affaires étrangères, Fernando Castiella, à Maurice Couve de Murville, son homologue français alors responsable de la présidence du Conseil des ministres des Six, sa première demande officielle d'association au Marché commun.

La crainte d'un effet domino

Dans un courrier que le consul Roger Monmayou adresse à l'ambassadeur Armand du Chayla, le 8 juin 1963 [Archives consulaires de Nantes, 1963], il rapporte une conversation qu'il a eue avec Miguel Mateu y Pla, ancien ambassadeur d'Espagne en France (1945-1947) pour relever que devant la perspective de voir la France "se passer complètement de main-d'œuvre espagnole", il espère que ces émigrés, une fois rentrés, réussiront "à inculquer les qualités de travail, de persévérance et de dynamisme" supposément acquises pendant leur séjour en France. Ainsi, on le voit, ces qualités, que les consuls antérieurs usaient pour définir le Catalan, deviennent, dans la bouche de cet ancien diplomate espagnol, des qualités françaises.

Le consul souligne dans un courrier du 19 juin 1965, adressé directement à Maurice Couve de Murville, qu'"un catalan qui ne peut se faire comprendre dans sa propre langue, préfère encore recourir à celle de Racine ou de Bernanos plutôt qu'à celle de Cervantès"... [*Ibid.*]. Tout au long de son compte rendu de la célébration de la visite de l'ambassadeur Robert de Boisséson à l'abbaye de Montserrat*, il souligne la francophilie des moines, qui vont jusqu'à disculper le général Suchet de la destruction de l'abbaye en 1811 en estimant que la faute en revenait aux Espagnols "qui l'avaient fait occuper militairement". Le monastère bénédictin devient "un foyer de l'irrédentisme catalan", qui a pour souci de "ne pas céder à l'emprise castillane".

"Nous ne sommes pas espagnols" : c'est ce que les diplomates français entendent depuis de nombreuses années en Catalogne. Le consul rapporte ce propos en indiquant qu'il fut prononcé devant lui et devant Monseigneur Brassó, le nouveau père supérieur du monastère, sans que ce dernier ne contredise son moine protestataire.

> "Or, si les Catalans ne sont pas Espagnols et si, d'autre part, ils ne sont pas en mesure de s'administrer eux-mêmes, comment espèrent-ils résoudre cette contradiction ? La réponse est loin d'être nette ou claire."

Le consul souligne que le père supérieur rejette l'idée d'une indépendance totale, irréaliste "dans le monde actuel de superpuissances et de larges unions politiques ou économiques". Il semble donc plaider pour une autonomie administrative, avec retour à la République ou à une "Royauté provisoire". Le consul souligne que ce point de vue caractérise tous les Catalans. En tout état de cause, dit-il, ils savent parfaitement ce qu'ils ne veulent pas.

Cette forte négation de l'hispanité de la part des Catalans les plus nationalistes intéressait vivement, et depuis un certain temps déjà, la diplomatie française. En effet, elle venait alimenter l'idée que les Catalans, francophiles affirmés et rejetant avec une violence verbale radicale leur lien avec l'Espagne, souhaitaient soit une solution fédérative, soit une intégration au sein d'un ensemble plus large qui, à partir de 1957, pouvait être représenté par l'Europe. Mais il est clair que pour les diplomates français, cette solution pouvait correspondre à un rattachement, même "simplement" administratif, à la France. Si l'on jette un regard rétrospectif sur quelques courriers diplomatiques des décennies antérieures, on trouve quelques allusions à ce rêve d'annexion plus explicites que celles que nous venons de soulever.

Ainsi, le 17 mai 1934, le consul en poste à Barcelone adressait à la direction des Affaires politiques et commerciales de la sous-direction Europe du ministère un courrier relatif au développement par deux revues catalanistes, *Clarisme* et *La Publicitat*, du thème de la constitution d'une Grande Catalogne. Le consul souligne que, dans *Clarisme,* Salvador Soler i Janer pense que la *Gran Catalunya* (qui regrouperait la Catalogne, les Baléares et Valence) ne constitue qu'une partie de la "Grande Catalogne nation" qui engloberait le Roussillon, la Gascogne, le Languedoc, la Provence, le Dauphiné, l'Auvergne et le Limousin. Il cite la convergence de cette vision expansionniste ou " impériale" avec les vues de quelques autonomistes français, évoquant par exemple la revue *Occitania*, publiée à Montpellier. Face à cette pensée, le consul montre comment, dans *La Publicitat*, des personnalités intellectuelles prestigieuses telles que Pompeu Fabra*, Nicolau d'Olwer, Antoni Rovira i Virgili ou Pau Vila estiment que les "ambitions catalanes ne dépassent pas les frontières de la Catalogne linguistique, soit les Corbières françaises". Le consul alerte donc le ministère sur les dangers qui pourraient naître un jour et ne manqueraient pas d'être exploités par leurs adversaires :

> "Il y a des germanophiles à Barcelone, notamment parmi les signataires du manifeste paru dans *La Publicitat.* (Ils seraient heureux de saisir l'occasion de susciter des difficultés dans notre pays)." [Archives consulaires de Nantes, 1934].

La crainte est de voir le Roussillon se tourner vers la Catalogne et le territoire national français démembré, au plus grand bénéficie et peut-être sous l'inspiration indirecte de l'ennemi du moment, l'Allemagne. Cette méfiance disparaît sous l'administration de Vichy puisque au contraire, le consul général en poste envoie un courrier à l'ambassadeur de Vichy en Espagne, François Piétri, pour lui faire savoir que l'opinion catalane était choquée par l'exécution de Lluís Companys*, qu'il qualifie d'"erreur des autorités, car le peuple catalan s'est considéré comme offensé par ce jugement, qui condamnait moins une personne qu'une idée chérie par lui." [ARCHIVES CONSULAIRES DE NANTES, 1941]

Enfin, plus emblématique encore, un courrier du consul général d'Alexandry adressé à René Massigli, commissaire aux Affaires étrangères du gouvernement d'Alger, en date du 12 juillet 1944, traite de la question catalane : "On peut affirmer que tant qu'il y aura une Catalogne, il existera un problème catalan." Après avoir souligné l'usage de la force contre le séparatisme catalan par le régime de Franco (il évoque lui aussi le cas tragique de Lluís Companys, réfugié en France et livré à Franco par les Allemands), il souligne que cette confusion qu'entretient le régime "à voir en tout Catalan un révolutionnaire dangereux" n'aura pas raison du catalanisme. Tout ceci ne peut qu'"aviver les haines, exacerber les passions, creuser plus profondément le fossé et, à la faveur de la prochaine victoire des Alliés, faire poser subitement, brutalement, et dans toute son ampleur, le problème permanent du séparatisme catalan".

Il ajoute qu'effectivement, tout sépare Catalans et Espagnols : l'histoire, la langue, les coutumes, la géographie, la mentalité, les méthodes de travail. Il applique aux Catalans des critères que nous connaissons bien maintenant : puissance de travail, haut degré de culture européenne. "Le Catalan se croit un être supérieur, destiné à commander, en tout cas totalement réfractaire à la domination de Madrid." Les Castillans retourneraient le mépris affiché contre eux par un portrait peu flatteur du Catalan : prétentieux, égoïste, arrogant, conspirateur.

Mais, en dehors de ces références aux contre-stéréotypes haineux attribués aux uns et aux autres, il est plus significatif de noter la manière dont la diplomatie française envisage la question catalane : "Un État catalan indépendant ne serait pas viable à moins d'être placé sous une tutelle étrangère." Le consul souligne que si cette dernière "devait être française, elle poserait à la France de graves problèmes". Tout en soulignant les convergences entre les mentalités et les cultures catalanes et françaises, et même la sympathie que cette région professe envers son voisin du nord, trouvant en France "un contrepoids contre Madrid", il estime que l'intérêt politique de la France consiste à "éviter soigneusement" toute immixtion dans la politique intérieure espagnole.

Cette extrême prudence revient à rejeter catégoriquement l'idée que la France puisse un jour servir de recours au séparatisme catalan. Nous avons là un exemple des plus flagrants de la crainte permanente manifestée par la diplomatie française d'un soutien aux aspirations catalanes. Le dilemme est clair. Tout réunit Catalans et Français : la culture, la mentalité, l'esprit d'entreprise. Cependant, laisser ces convergences "naturelles" déborder le cadre culturel pour en tirer des conclusions conduisant à envisager une intégration de la Catalogne dans l'Empire français ou la mise en place d'une "tutelle" française, se heurterait immédiatement aux traits rédhibitoires de l'esprit de révolte et d'indépendance des Catalans qui mettraient en péril l'unité française. D'où cette conclusion, digne de la *Realpolitik* la plus accomplie : "Sur ce terrain il y a, de notre côté, une discrimination à faire entre la sympathie naturelle et l'intérêt politique."

Au fil de la lecture des courriers diplomatiques et des rapports qu'adressaient les consuls de Barcelone à l'ambassadeur de France ou au ministère des Affaires étrangères pendant la longue période franquiste, se dessine clairement une sorte de portrait stéréotype du Catalan : il dispose de qualités qui le rapprochent du Français ou de l'Européen (ce qui, dans le langage des diplomates, revenait au même), mais il peut, par certains aspects, rejoindre l'"orientalisme" des Espagnols, au moins dans son versant marchand. Cependant, on sent qu'à travers toutes ces années, la volonté des diplomates français fut toujours de mettre en valeur l'opposition fondamentale du caractère catalan et du caractère espagnol, pour essayer d'en tirer quelque position avantageuse, mais également pour tenter de cerner ce qui faisait le fond de la vie politique des classes moyennes espagnoles dans cette période. La seule peur de la diplomatie française était de voir la conjonction s'opérer entre le caractère insoumis des Catalans, leurs prétentions d'indépendance et un esprit radical et révolutionnaire qui aurait pu, dans des conditions extrêmes, avoir des conséquences en Catalogne française et, par effet de contamination, dans tous les espaces où quelques foyers régionalistes vivotaient.

LE NATIONALISME CATALAN ET LA QUESTION DE L'ÉTAT

Le tout est-il plus grand que la somme de ses parties ? Ou la somme des parties est-elle plus grande que le tout ? L'essence du droit des États multiples repose sur cette tension permanente. Qu'est-ce qu'un État multiple ? La réponse est une question de point de vue. Pour ce qui concerne l'Espagne, on pourra dire sans trop se compromettre que sa multiplicité est le fruit de l'histoire. C'est ainsi que les défenseurs contemporains de l'unité de l'Espagne dénoncent souvent la vacuité des récits nationaux particularistes tout en reconnaissant l'existence de différences et leur nécessaire cohabitation.

Francisco González Navarro va dans ce sens en avançant l'idée que "le double équilibre harmonieux entre les parties d'un tout organisé n'exige pas d'homogénéité" [GONZÁLEZ NAVARRO, 1993]. Il admet donc pouvoir parler de l'Espagne comme "Nation de nations", en rejetant le concept de "nationalité*" qu'il considère comme marxiste et teinté de mépris. Il rejette la préconisation léniniste du droit à l'autodétermination des peuples opprimés comme manipulatrice et cynique puisqu'elle le défend tout en proposant, dans la perspective socialiste de long terme, la disparition des nations. Les thèses bolcheviques de Lénine publiées sous le titre *La révolution socialiste et le droit des nations à disposer d'elles-mêmes* sont citées en référence :

> "Les partis socialistes qui ne prouveraient pas par toute leur activité maintenant, pendant la révolution et après sa victoire, qu'ils affranchiront les nations asservies et établiront leurs

rapports avec elles sur la base d'une alliance libre – et l'alliance libre est une formule mensongère si elle n'implique pas la liberté de séparation."

Naturellement, on ne peut éviter de considérer que le principe de "liberté de séparation" est ambigu, car il peut supposer une séparation unilatérale, donc conflictuelle et le cas échéant violente. Il peut supposer aussi une séparation "par consentement mutuel" qui oblige à franchir certaines étapes : une réforme constitutionnelle, l'organisation d'un référendum sur tout le territoire, un vote des trois cinquièmes des Cortes (Congrès des députés et Sénat), la ratification par un vote référendaire ou par une éventuelle dissolution du Parlement provoquant de nouvelles élections. Dans ce dernier cas, la charge de ratifier la modification totale ou partielle de la Constitution reviendrait au nouveau Parlement. Or même une réforme constitutionnelle ne pourrait consacrer la séparation d'une partie du territoire espagnol, puisque l'article 2 de la Constitution de 1978 reconnaît le droit à l'autonomie des nationalités et des régions qui la composent et affirme dans le même temps le principe de solidarité qui doit unir les régions comme l'indissoluble unité de la nation espagnole, "patrie commune et indivisible de tous les Espagnols". Sauf si l'intention était de promouvoir par la réforme constitutionnelle la dissolution de l'Espagne elle-même, cet article ne pourrait être modifié. En réalité, le modèle de séparation devrait consister en un premier vote du Parlement espagnol donnant mandat à l'exécutif pour négocier un accord avec la partie catalane, vote ratifié par référendum et, en cas d'approbation du peuple espagnol, un vote d'autodétermination en Catalogne. Le modèle serait celui de la sortie des accords d'Évian et de l'indépendance de l'Algérie en 1962. Dans ce cas, l'effet serait le même, car la porte serait ouverte à d'autres séparations.

Fédéralisme et État multinational

Revenons cependant à ce qui correspond à l'étude des modèles d'État tels que le droit politique tente de les définir. Globalement, les modèles rapportés sont de deux sortes : États unitaires et États fédéraux. Le second modèle est celui qui domine à l'échelle planétaire. Selon le constitutionnaliste Jorge de Esteban, il se construit selon trois modalités :

> "[...] par *intégration*, quand plusieurs États décident de s'unir (États-Unis, Suisse, par exemple) ; par *association*, quand le décident des provinces, des territoires ou des collectivités qui n'ont pas à l'origine le caractère d'États (Canada, Australie, Inde, etc.) ; et, finalement, par *différenciation*, quand un État unitaire décide de se convertir en État fédéral (l'Argentine, le Mexique, ou, plus récemment, la Belgique)." [ESTEBAN, 1994].

Si à l'échelle planétaire, le premier modèle est bien plus difficile à trouver que le second, il existe en Europe à condition que son périmètre territorial soit très réduit, que sa culture soit supposée être une, et que son histoire le fasse correspondre à peu de chose près à une structure territoriale et administrative plus ancienne : le *pagus*, le *conventus*, la *provincia* romaine, le diocèse romain tardif, ou le *condatus* de la fin du haut Moyen Âge. Ces structures subsistent, tout en se transformant après la désagrégation de la structure impériale romaine et des royaumes postérieurs dissous ou détruits par effet de conquêtes ou de révoltes internes. Il est supposé qu'au cours des siècles, cette entité ne s'est jamais fédérée à une autre structure politico-administrative identique ou plus grande. La tradition juridique retient souvent l'exemple français comme caractéristique du modèle unitaire, même si des statuts particuliers (l'Alsace, la Corse et les départements d'outre-mer) et les politiques de décentralisation menées depuis un demi-siècle autorisent la nuance.

Le second modèle est observable en abondance à travers une multitude de variantes que nous ne développerons pas. Posons-nous une seule question : qu'y a-t-il de commun entre le fédéralisme des États-Unis, le modèle fédéral allemand ou la fédération russe ? Certainement le qualificatif *fédéral*, mais rien de semblable dans la distribution de compétences, ni dans la gestion partagée à des degrés divers de fonctions régaliennes. De plus on peut, dans une lecture dynamique de ces deux structures d'État fondamentales, penser avec Jorge de Esteban que les choses ne sont pas en réalité comme elles semblent sur le papier puisque, par exemple, "les États fédéraux actuels ressemblent de plus en plus aux États unitaires traditionnels, car le caractère centripète [de leur évolution] prévaut sur leur caractère centrifuge" [Esteban, 1994].

Tout au long du xixe siècle et de la première moitié du xxe, la pensée politique espagnole fut riche en propositions de remodelage de l'ensemble espagnol. Il ne s'agissait pas, le plus souvent, de mettre en question les spécificités culturelles de chaque région, mais bien de proposer une structure plus souple que l'État bâti, le plus souvent par la violence, essentiellement depuis le xviiie siècle sous la dynastie des rois Bourbons : un État centralisé, à l'image de son modèle par excellence, l'État français, qu'il soit d'Ancien Régime dans un premier temps ou de rupture après la Révolution de 1789.

Au tournant des xixe et xxe siècles, dans une période de forte poussée des États modernes, les penseurs et politiques catalans se sont particulièrement illustrés par l'abondance de leurs écrits sur le modèle d'État et de la question de la situation de la Catalogne dans cet ensemble : Francisco Pi y Margall* (1824-1901), Valentí Almirall* (1841-1904), Josep Torras i Bages* (1846-1916), Enric Prat de la Riba* (1870-1917), Francesc Cambó* (1876-1947) ou encore Antoni Rovira i Virgili (1882-1949), pour citer les plus connus. Leur pensée était le plus souvent critique envers le centralisme établi, leurs solutions assez différentes, bien que finalement toutes convergentes vers une solution fédéraliste : *République fédérale ibérique* de Pi y Margall, *État composé* d'Almirall, municipalisme chrétien de Torras i Bages ou encore sa forme la plus exaspérée, *le cantonalisme* fédéraliste. Ces penseurs n'étaient pas isolés en Espagne, puisqu'un fort courant fédéraliste et républicain s'y développait au même moment sous l'influence d'hommes politiques comme Nicolas Salmerón ou Emilio Castelar, qui entretenaient à la fois un lien intellectuel intense avec un penseur fédéraliste comme Francisco Pi y Margall et, dans le cas de Salmerón, un lien empathique avec la question catalane et l'idée d'une fédération. Chez Prat de la Riba, cette prise de position fédéraliste avait une dimension universelle tout en affirmant que l'histoire de la Catalogne se confondait avec celle de l'Espagne :

> "L'exigence pour la nationalité de disposer d'un État particulier [et] l'exigence universelle de constituer des États mondiaux engendrent une conséquence naturelle : la constitution d'un État d'États, d'un État composé ou de Fédérations d'États nationaux." [Prat de la Riba, 1906].

Pour Valentí Almirall, la question se posait en termes davantage techniques et juridiques, son projet étant plus proche en somme de ce qu'est l'État des autonomies aujourd'hui, si l'on prend en compte la tension permanente entre sa dynamique centrifuge et la tentation contradictoire à la fois centripète et décentralisatrice de l'État espagnol. La proposition d'Almirall a souvent été interprétée comme une proposition *confédérale*, puisque dans son projet, la plénitude de souveraineté revenait aux États fédérés, alors que celle de l'État central est limitée :

> "Une nation organisée en fédération n'est pas simplement un État, mais n'est pas non plus un agrégat d'États souverains. C'est un État composé, formé par divers États souverains et un État général, en partie également souverain… Dans tous les

États fédérés, leurs propres autorités particulières y disposent d'un pouvoir juridictionnel, mais les États généraux également, qui l'exercent sur l'ensemble national. Toutes ces autorités exercent les compétences qui leur sont assignées par les différentes constitutions générales et particulières." [Almirall, 1886].

C'est bien pour cette raison que l'extrême complexité des phénomènes syncrétiques rend fragile, voire illusoire, le geste qui consiste à s'appuyer sur l'histoire pour en faire l'un des arguments justificatifs du présent. Il ne faut pas non plus ignorer que la critique fédéraliste de la manipulation des faits, qu'opèrent les forces politiques catalanistes pour justifier l'existence d'une nation catalane venue de la nuit des temps, s'est toujours exprimée dans le même sens. Il serait donc également imprudent d'avancer l'idée que la pensée nationaliste ne formait qu'un seul bloc. Il faut donc, dans le cas de la Catalogne, se garder d'affirmations péremptoires comme celle-ci, par exemple : "Le catalanisme n'est pas un sécessionnisme", vite contredite quand est évoqué dans le même discours un "catalanisme de tous poils" [Michonneau, 2010]. Le catalanisme dans ses origines et dans son existence récente a toujours proposé une multiplicité de points de vue et d'approches de la question nationale. Il y a eu (et il y a) un catalanisme culturel, un catalanisme fédéraliste, un catalanisme francophile, un catalanisme grand-catalan et un catalanisme indépendantiste et même un catalanisme social-révolutionnaire. Ces postures s'expriment encore en occupant alternativement le devant de la scène politique. C'est le cas aujourd'hui, c'était le cas au début du xxe siècle, et également en pleine période de clandestinité pendant le franquisme.

Citons un exemple renvoyant à cette dernière période. Le PSUC (Parti socialiste unifié de Catalogne, communiste), né en 1936 et ayant toujours vécu dans des périodes d'exception (la Guerre civile et la clandestinité dans les années1939-1977), a toujours développé une position critique face à la revendication nationaliste. Cette position critique rejoignait celle du PCE, qui voyait dans les particularismes un obstacle à la lutte pour le socialisme, fait d'autant plus aggravant que le "nationalisme bourgeois n'avait pas construit sa doctrine catalaniste sur une base séparatiste, mais sur une base impérialiste", c'est-à-dire sur une base européenne, celle des oligarchies financières de l'Europe de l'Ouest [ORIOL, 1961]. Une position plus nuancée s'exprimait par la voix de Gregorio López Raimundo, secrétaire général du PSUC et membre du secrétariat du PCE :

> "la consolidation de la communauté étatique des peuples d'Espagne correspond à l'intérêt de la classe ouvrière et des différentes couches de nationalités. Je crois en la justesse de la formule que nous avons déjà défendue, celle de l'unité des différents peuples d'Espagne dans le cadre d'un État. Je ne pense pas que tienne du hasard que nous ayons évoqué la formule fédérale ou le terme fédération. À mon avis un État 'multinational' n'est pas la même chose qu'une fédération ; il correspond à la reconnaissance de la personnalité nationale de la Catalogne, d'Euskadi et de la Galice dans la construction du nouvel État démocratique." [in NUESTRA BANDERA, 1965].

La période de lutte clandestine contre le franquisme n'a pas conduit le PSUC à modifier sa position depuis la Seconde République : le refus du modèle fédéral, la nécessité de l'unité des Espagnols dans la lutte contre la dictature et, par-dessus tout, de la classe ouvrière dont il fallait conserver le rôle moteur dans la conquête de la liberté et de la justice sociale. Il ne fallait pas abandonner le terrain du modèle aux seuls nationalistes, et œuvrer également pour la mise en place, une fois recouvrée la démocratie, d'un État multinational reconnaissant les droits historiques de la Catalogne, du Pays basque et de la Galice.

En 1961, dans un opuscule destiné à une diffusion aussi large que possible, le PSUC dénonçait "les vieilles conceptions qui par le passé avaient falsifié l'histoire afin de 'justifier' le nationalisme de la bourgeoisie catalane". L'auteur de la préface, le dirigeant communiste Pere Ardiaca*, évoquait les nombreux mythes et légendes fantaisistes, créées, selon lui, par le subjectivisme bourgeois, qui avaient accompagné le récit d'un passé qui n'avait jamais existé. En marxiste chevronné, il considérait que ces histoires fantaisistes n'avaient d'autre but que de détourner le peuple de Catalogne de la lutte pour sa libération sociale et nationale dans le cadre "de la lutte commune de tous les peuples et de toute l'Espagne" [Ardiaca, 1961].

Si nous poursuivons dans le droit fil de ce que fut la critique du "nationalisme bourgeois" par les communistes des temps de clandestinité, notons que cette même brochure commence par affirmer que le concept de nation ne peut être considéré hors du temps et de l'espace :

> "La nation, comme toute chose, n'est pas éternelle. Elle a un début, un développement et elle aura une fin. Il s'agit d'une catégorie historique qui correspond à l'époque de la progression du capitalisme, elle correspond à la croissance des forces productives et à la formation de grands marchés." [Ardiaca, 1961].

En 1976, ce point de vue n'a pas varié. On le retrouve dans le discours du dirigeant des Commissions ouvrières, Cipriano García : "Ne pas laisser le champ libre aux tentations qui créeraient affrontements et divisions" [García, 1976].

Le socialisme réformiste, éclaté en groupes dont les orientations pouvaient diverger, tenait un discours différent. Par exemple Josep Pallach, fondateur du Mouvement socialiste de Catalogne (msc), déclarait en 1974 :

> "Le nationalisme est une dimension fondamentale de la personne humaine et nous revendiquons, par conséquent, nos droits en tant que peuple. On a beaucoup parlé d'ouverture démocratique : je pourrais dire que, pour nous, la pierre de touche sera celle-ci : les droits de la Catalogne à son propre gouvernement" [cité par Rubiol, 1995].

À l'opposé de la conception communiste, qui place la libération sociale avant la libération nationale, on trouve également ce qui avait été le socle de la conception catholique de la nation, qui mettait aussi l'accent sur l'extrême contingence de l'existence des formations sociales, mais pas des mêmes. Au contraire de la position communiste, elle insistait non sur la contingence des nations, mais bien sur celle des États. Par exemple, Mossèn Josep Torras considérait la nation comme "une unité sociale naturelle" à l'instar de la famille, dans le droit fil de la pensée institutionnelle catholique, reléguant l'existence des États à un pur effet des circonstances :

> "Les États se font et se défont selon les circonstances [...] quand ils se défont reparaissent les anciennes nations, les unités sociales naturelles formées sous les éternels auspices de la Providence divine." [Torras i Bages, 1892].

Ces différences sont en apparence abyssales, mais sur le fond, ne s'agit-il pas d'une authentique différence de sens donné au concept de nation ; autrement dit, ne s'agit-il pas de deux concepts différents ? Dans un cas, nous aurions un concept de nation éternelle et d'essence divine, dans l'autre une forme politique constituée au moment de la naissance du capitalisme, dans laquelle l'essor de l'économie marchande conduisit à l'unification de la monnaie, à l'usage de la langue vernaculaire et à l'unité religieuse. Cette conception historiciste de la nation renvoie à la thèse de Jean Bodin qui, au contraire d'Aristote, ne voyait pas d'inconvénient à ce "qu'une, voire cent nations diverses sous une puissance souveraine, fussent une République", la condition *sine qua non* avancée étant qu'elle dispose de cette puissance souveraine unique sur un territoire et de multiples structures civiles publiques, autrement dit qu'elle dispose d'un réseau très serré d'institutions publiques :

> "[...] outre la souveraineté, il faut qu'il y ait quelque chose de commun, et de public : comme le domaine public, le trésor public, le pourpris de la cité, des rues, les murailles, les places, les temples, les marchés, les usages, les lois, les coutumes, la justice, les loyers, les peines, et autres choses semblables, qui sont ou communes, ou publiques, ou l'un et l'autre ensemble. Car ce n'est pas république, s'il n'y a rien de public." [Bodin, 1576].

Dans un cas, s'éclaire la vision catholique du couple Nation-État, faite à la fois d'une négation de la complexité de la trame du tout social et de l'affirmation de sa subordination à un ordre divin supérieur dont les figures sociales seraient hiérarchiquement la famille et la nation. Dans l'autre, le passage au second plan de la nation est manifeste, comme l'est la mise en avant du corps social et des convergences d'intérêt autour du "commun".

Il est donc certain que pour traiter de la question même de l'existence d'une nation catalane attestée par l'histoire, il faudrait encore sortir du piège tendu par ce concept au "caractère polymorphe, pour ne pas dire déroutant" [Monnet, 2014]. La question catalane, au-delà des questions géopolitiques ou des subjectivités d'appartenance, se pose aussi dans le cadre des tentatives de définition de cet ensemble territorial et juridictionnel dont la longue histoire du droit péninsulaire peut éclairer, en partie, les tenants et les aboutissants.

L'identité catalane sous la dictature franquiste

Il ne sera pas question dans ce bref développement d'indiquer des solutions ou de manifester des préférences, celles-ci revenant aux peuples concernés constitués en souverain. Il sera question, à la lumière de l'état du droit constitutionnel actuel, de ses influences, de sa rhétorique spécifique et de sa mise en application, de tenter de défaire fil à fil cette pelote complexe pour tenter d'y voir plus clair.

Comme les effets juridiques de l'application du statut d'autonomie de 1932 ont été faibles par manque de durée, les combats politiques et la Guerre civile les ayant fait passer au second plan, nous partirons de l'état des choses pendant le franquisme pour observer ce que fut le passage à la phase contemporaine, exceptionnellement longue, qui débute au milieu des années 1970, en gardant à l'esprit ces avertissements que prodigue l'historien du droit Tomás y Valiente :

> "Toutes les normes ou règles de conduite ne sont pas juridiques, [...] elles contiennent dans leurs mandats un plus haut degré de pression sociale, qui se manifeste par la plus grande sévérité des sanctions qu'elles imposent." [Tomás y Valiente, 1979].

La grande loi constitutionnelle du franquisme est un ensemble relativement hétérogène de "Lois fondamentales" qui régissent les aspects majeurs du régime et son fonctionnement. Cependant, elle ne porte pas le nom de *Constitution*, puisque l'idiosyncrasie du régime supposait que les constitutions étaient l'expression juridique des démocraties parlementaires. De cela, le régime se voulait l'antithèse, puisque le pouvoir de faire les lois relevait de la compétence exclusive du chef de l'État, le Parlement étant régi par un principe dit d'"autolimitation" défini par la loi fondamentale qui ressuscite son existence en 1942 selon un critère corporatif. La première loi qui fit explicitement table rase du statut d'autonomie est datée du 5 avril 1938, deux jours après que les troupes franquistes entrent en Catalogne et prennent Lérida, trois semaines après les bombardements massifs de Barcelone des 16 et 18 mars qui causèrent la mort de 1 600 civils. Le décret indique clairement que le soulèvement national légitime le nouvel État qui se met en place, rompt avec les institutions "contraires aux valeurs" qu'il souhaitait instaurer et que, par conséquent, le statut de la Catalogne cessait de faire partie de l'ordonnancement juridique espagnol avec effet à la date du 17 juillet 1936.

L'Espagne retrouvait ainsi sa configuration antérieure à 1931 : celle d'un territoire unifié, fortement centralisé, dont les seules subdivisions internes autorisées étaient les délégations civiles des différentes *provincias* (départements) ayant à leur tête un gouverneur, des municipalités régies par des maires désignés et des structures militaires qui définissaient neuf régions stratégiques de défense et de surveillance du territoire. Deux articles du décret abrogent donc le statut voté en 1932 :

> **Article Premier**. L'Administration de l'État, les administrations provinciales et municipales dans les provinces de Lérida, Tarragone, Barcelone et Gérone seront régies par les normes générales applicables aux autres provinces.
>
> **Article 2**. Sans préjudice de la liquidation du régime établi par le Statut de la Catalogne, seront considérées comme revenant à l'État les compétences législatives et d'application de la loi qui lui reviennent dans les territoires de droit commun et les services qui furent cédés à la région catalane en vertu de la Loi du 15 septembre 1932.

Le journaliste catalan Ignasi Riera souligne ce que fut pour lui le sens profond de ce décret : la haine anticatalane "viscérale" de Franco. Plus généralement, il y voit une haine aux relents nationaux-catholiques argumentée avec indigence. Pour étayer son point de vue, il cite un extrait de l'éditorial du 29 mars 1938 du journal *El Norte de Castilla*, quotidien édité à Valladolid, alors dans la zone franquiste :

> "La plus grande ambiguïté de cette terre a été propagée par les séparatistes : la haine de l'Espagne les a aveuglés à tel point que des figures influentes du capitalisme se sont unies à la scorie du *front-populisme*, n'ayant aucun scrupule à se ranger aux côtés de ceux qui niaient Dieu, la famille, la propriété, la tradition.

Il fallait écraser l'hydre séparatiste ainsi que cela a été fait, comme sont en train de le faire les légions victorieuses de Franco." [Riera, 2008].

Les universitaires ayant vécu les premières années du franquisme se souviennent avec amertume de leur université comme d'un désert culturel où, ainsi que le rappelle le grammairien Antoni Badia Margarit* :

"en 1939 la Faculté de philosophie et lettres (surtout la section d'Études romanes) de l'université de Barcelone s'est transformée en un authentique désert : l'exil, les démissions et 'l'épuration de fonctionnaires' (avec ses conséquences : l'expulsion ou le confinement) d'un grand nombre de professeurs, ont eu pour effet que l'enseignement se retrouvât livré à des enseignants médiocres (quelle que soit leur provenance) et à de jeunes licenciés de fraîche date qui ont ainsi fait leurs armes [...] quelques enseignants aguerris assuraient un minimum de décorum indispensable. Cela dit, nul ne sera surpris si ceux qui, comme moi, fréquentaient les salles de cours barcelonaises devaient, par nécessité, être des autodidactes. C'est au cours de ma dernière année d'études que j'ai participé aux nouvelles Études universitaires catalanes qu'organisait, malgré le risque potentiel que supposait la clandestinité forcée, l'Institut* d'études catalanes." [Badia Margarit, 2004].

La langue se retrouvait soumise à une interdiction officielle qui, naturellement, ne pouvait empêcher son usage dans la sphère privée, mais ni l'école, ni l'université, ni la presse, ni les moyens de communication populaires ne pouvaient utiliser la langue catalane comme vecteur. Cela explique pourquoi la revendication linguistique est devenue l'une des armes essentielles du nationalisme et de l'indépendantisme.

Non seulement disparaissait la langue des documents officiels ou privés, de la presse et de l'édition, de l'affichage commercial, mais de plus, les drapeaux, les monuments, et les noms de rue qui pouvaient rappeler le catalanisme et ses défenseurs devaient être effacés de l'espace public. Les faits qui témoignent de cette politique sont nombreux car l'éradication fut menée avec un soin presque systématique. C'est ce que note Jaume Fabre quand il cite l'un des édits de la Commission municipale permanente de la ville de Barcelone mise en place par les vainqueurs. Sur recommandation de la commission présidée par Josep Bonet del Río, délégué à la culture du maire Miquel Mateu i Pla, un édit fut publié le 7 mars 1939 : "Redonner à toutes les rues et places de notre ville les noms qu'elles portaient avant le 14 avril 1931." Les rues furent débaptisées, mais dans le cas des axes les plus prestigieux de la ville, elles furent rebaptisées à la gloire des troupes et héros militaires nationalistes. Les monuments furent déboulonnés ou transformés : par exemple le buste de Prat de la Riba, fondateur du parti nationaliste de la *Lliga* et nationaliste catalan reconnu, fut retiré de la cour des Orangers du palais de la Généralité. Ces opérations d'effacement durèrent plusieurs années [Fabre, 2003].

Le temps passant, les exigences de l'État espagnol et la surveillance systématique et tatillonne de la Phalange laissèrent la place à une forme de tolérance très mesurée, qui eut pour effet de redonner une certaine visibilité à la culture catalane exprimée en catalan. Certaines initiatives précoces doivent être mentionnées, par exemple la création d'une petite maison d'édition de textes en catalan, Raixa, qui publiera régulièrement de petits ouvrages accessibles (15 pesetas) à partir de 1954. Le premier numéro de la série, dont l'auteur est le linguiste enseignant à l'université de Chicago Joan Coromines*, porte un titre montrant très clairement les intentions de cette petite bibliothèque : *El que s'ha de saber de la llengua catalana.*

Dans son introduction, le célèbre linguiste développait une partie de ce que seront les arguments séparatistes de l'époque contemporaine. Entremêlant arguments historiques, politiques et linguistiques, il soulignait tout d'abord l'existence d'une communauté territoriale linguistique, qu'il appelait la Grande

Catalogne, englobant tous les territoires où le catalan était présent. Ensuite, il montrait comment , entre le dernier quart du XIXe siècle et les années 1930, l'usage public du catalan s'était considérablement développé. Il choisit pour ce faire le critère statistique de l'édition d'ouvrages en catalan, le développement d'une presse catalane diversifiée – touchant aussi bien les élites que les couches sociales les plus modestes. Il montrait aussi l'impuissance du pouvoir central à imposer le castillan dans les usages privés :

> "L'État n'a jamais obtenu de la population qu'elle emploie le castillan dans la sphère privée, ni même qu'elle l'emploie systématiquement dans la sphère publique." [Coromines, 1954].

Il mettait également en avant la capacité d'intégration linguistique des différentes vagues d'immigration en usant de l'argument selon lequel l'intégration complète se ferait à partir de la troisième génération.

Rappelons que ces considérations ont été publiées en 1954, marquant ainsi les débuts d'une sorte de guerre de position autour de la question de la cohérence linguistique et culturelle d'un ensemble que l'État franquiste avait tenté de réduire à néant puis de contenir dans la sphère culturelle. Nous savons aujourd'hui que l'hypothèse d'une troisième génération totalement intégrée d'un point de vue linguistique et culturel est contestable et contestée, certains avançant plutôt l'idée que cette troisième génération opérerait un retour aux sources linguistiques, culturelles ou patrimoniales plutôt qu'un abandon total de la langue et des usages des grands-parents :

> "Le désir d'être 'comme les autres' côtoie celui de se singulariser par rapport aux autres, voire de se voir reconnu comme individu. Dans les phases ou les situations où ce désir prédomine, les jeunes bilingues peuvent se servir de leurs connaissances de la LOH (langue d'origine et héritée) pour marquer leur individualité.

> Même si la deuxième génération se 'sent' encore proche de celle de ses parents, parle ou comprend encore partiellement la langue et adopte des comportements ethniques, elle ne transmet pas cet héritage à la troisième génération qui, par conséquent, essaie de retrouver ses racines et son identité." [Wyssmüller, Fibbi, 2012].

Dans le domaine de l'édition, nous l'avons vu, une certaine ouverture s'exerçait mais elle touchait un public très restreint. Il n'en reste pas moins que dans ces premières années 1950, le nationaliste Lluís Duran i Ventosa, ancien conseiller à la culture de la *Generalitat** des temps de la République et ancien membre de la *Lliga*, pouvait publier son dernier ouvrage, *Unitat d'Europa, unitat del món*, avec une préface consacrée à Francesc Cambó dans laquelle il écrivait : "On ne pourra pas s'entendre sur l'unité concrète de l'Europe si de bonne foi et par l'étude exhaustive des antécédents, on n'établit pas de distinction entre les deux concepts d'État et de Nation." [Duran i Ventosa, 1953]. De la même façon, Jaume Vicens Vives publiait la même année, dans la même maison d'édition, *Notícia de Catalunya,* réflexion historiographique sur la question catalane. Toutes ces œuvres étaient publiées, bien sûr, en catalan.

Au début des années 1960, un certain relâchement dans la politique linguistique permettra au catalanisme politique de pouvoir tenter de faire progresser la langue, sa connaissance et son usage, dans l'espace éducatif. Une très forte tradition didactique s'est toujours déployée dans le domaine de l'apprentissage des langues (maternelle et acquise) pour enfants et adultes. Cette tradition dépasse assez souvent les frontières des espaces linguistiques pour influer, peu ou prou, sur d'autres pratiques en d'autres lieux. C'est la nécessité qui a fait loi. Des figures émergent, comme celle de Rosa Sensat au début du xxe siècle, ou celle de Marta Mata i Garriga qui a fondé une école de formation des maîtres en 1965 selon les principes de "l'école active", dans le but que ces maîtres puissent également assurer une bonne pratique bilingue castillan-catalan tout en usant de celle-ci comme langue véhiculaire. On doit aussi mentionner les écoles du réseau Mireia, créé la même année avec des objectifs similaires, ou encore des figures singulières prônant le principe d'imprégnation ou d'immersion dans l'apprentissage des langues telles que Josep Maria Artigal. Cette forte tradition pèse encore aujourd'hui dans l'histoire d'une didactique au sens large, qui visait à rénover la pédagogie et continue à se distinguer par son originalité et sa capacité novatrice.

Il fallait développer un enseignement du catalan qui s'appuierait à la fois sur la méthode et sur le travail de normalisation orale et écrite mené par le philologue Pompeu Fabra. Considéré comme l'artisan de l'établissement de la norme linguistique du catalan moderne, il laisse trois publications essentielles : un compendium des *Normes de l'orthographe* en 1913, une *Grammaire du catalan* en 1918 et en 1932 un *Dictionnaire général de la langue catalane*, dont la première réédition date de 1954 et qui fait encore autorité de nos jours. La méthode d'enseignement, qu'elle soit inspirée de Freinet, de Montessori ou de Piaget, était un élément d'emblée politique, puisqu'il s'agissait de montrer une forte différence avec les deux pôles scolaires alors officiels : les écoles confessionnelles et une école publique réduite au strict minimum. À tel point que c'est autour de la question de l'apprentissage du catalan que sont nés l'*Òmnium cultural** en 1961 et, plus tard, l'élargissant aux zones de la périphérie linguistique (Baléares et Valence), la *Fédération Lull.* Ce qui confirme bien ce que sont les ambitions finales du nationalisme culturel fondé sur les aires linguistiques : une Catalogne élargie aux "Pays catalans". Cela reste, sur le terrain politique, un objectif certes second, mais présent avec constance dans la revendication d'indépendance.

La langue, fondement de l'identité catalane et outil d'intégration ?

C'est à partir de la constitution républicaine de 1931 que s'inscrit pour la première fois l'officialité de la langue de l'État. Aucune des cinq Constitutions espagnoles antérieures n'y fait référence. Le texte constitutionnel affirme l'officialité du castillan, introduisant pour tous les Espagnols le devoir de le connaître et le droit de l'utiliser. L'article 4 renvoie aussi vers des dispositions futures qui préciseront la place des langues régionales dans l'ensemble espagnol, sans que leur connaissance ou leur usage ne constituent une obligation pour quiconque "sauf dispositions spéciales".

Quelques mois plus tard, l'article 2 du statut d'autonomie de la Catalogne de 1932 [v. Documents], reprenant l'article 5 du statut de Nuria, viendra préciser le caractère co-officiel des deux langues et avancer un concept d'usage non pas d'égalité, mais d'indistinction entre le castillan et le catalan, indistinction soumise "à la demande de la partie intéressée" :

> "Sur le territoire catalan, les citoyens, quelle que soit leur langue maternelle, auront le droit d'opter pour la langue officielle de leur choix dans leurs rapports avec les tribunaux, les autorités et tous les fonctionnaires, qu'ils appartiennent à la Généralité ou à la République."

Le statut de la Catalogne de 1979 insiste beaucoup plus sur un usage "normal" des deux langues et sur le devoir de proposer des moyens pour "créer les conditions [permettant] d'établir leur pleine égalité", alors que le projet de réforme du statut de 2006 abandonne le concept d'égalité pour accorder une préférence claire au catalan, notion de préférence reposant sur l'idée que le déséquilibre constaté se manifeste au détriment de la langue locale [Buj, 2009]. Le Tribunal constitutionnel considérera ce décret de préférence comme inconstitutionnel dans sa décision du 28 juin 2010 :

> "À la différence de la notion de 'normalité', le concept de 'préférence' transcende, par nature, la simple description d'une réalité linguistique et implique la primauté d'une langue sur l'autre sur le territoire de la Communauté Autonome, en imposant, en définitive, la prescription de l'usage prioritaire de l'une des deux, en l'espèce du catalan par rapport au castillan, causant un préjudice à l'équilibre indispensable entre les deux langues également officielles qui ne peuvent, dans tous les cas de figure, bénéficier d'un traitement privilégié." [Tribunal constitucional, 2010].

Les évolutions entre les deux statuts et les nouvelles moutures du dernier, retoquées en 2010, reposent donc pour beaucoup sur la question clé de l'apprentissage généralisé de la langue et de son emploi. Par l'effet de la décentralisation inscrite dans la Constitution de 1978, les institutions catalanes disposent de compétences en matière d'éducation et de politique linguistique. Elles vont donc, dès le début, mettre en place à la fois un complexe appareil linguistico-institutionnel visant au renforcement et à la modernisation des normes linguistiques, un imposant arsenal de lois de politique linguistique (dont deux grandes lois générales datées de 1983 et de 1998) et créer des institutions normatives officielles telles que le *Consorci per a la normalització lingüística** ou le Centre de terminologie (Termcat) [Amat, 2018].

De façon parallèle, un tissage associatif viendra soutenir cet appareil public par son action auprès des individus, des entités de service du public et dans les manifestations culturelles. Il s'agit essentiellement de l'*Òmnium cultural* et de l'Assemblée nationale de Catalogne (anc*), dont on sait le rôle clé au cours de ces dernières années, et plus particulièrement de ces derniers mois, dans l'organisation idéologique et matérielle du mouvement pour l'indépendance.

Par ailleurs chaque institution (mairie, université, organisme public ou au service du public) sera amenée à définir, dans le cadre de sa propre activité, un règlement d'usage des deux langues, mais également des normes et services de médiation linguistique et culturelle. Sans prétendre à l'exhaustivité, nous proposons d'ouvrir certaines pistes à l'étude comparative de ces différents documents, souvent sources d'enjeux à la fois personnels et sociétaux, véritable espace de guerre de position où la tentation d'hégémonisation progressive du catalan dans les usages a pu déclencher de vives polémiques entre la Catalogne institutionnelle et l'État espagnol – et d'autres polémiques encore en Catalogne même.

Naturellement, nul ne peut oublier que le contexte actuel apporte une sorte de "valeur ajoutée" à la question, puisque la langue a été, depuis les premières années de la dictature franquiste, un espace d'âpres confrontations entre les partisans du tout castillan et les défenseurs de l'usage légal ou dominant du catalan. Cette confrontation n'était pas nouvelle car, si l'on suit Esther Gimeno Ugalde par exemple, elle apparaît déjà dans les premiers documents réclamant l'officialisation du catalan : le *Memorial de greuges* de 1885, ou les *Bases de Manresa* de 1892, dans un contexte de développement des nationalismes culturels. Elle apparaît déjà au début des années 1860 avec les premiers *Jeux floraux* (*Jocs Florals**, 1861) dont l'objet était de célébrer la langue catalane et, de manière plus large, une catalanité culturelle spécifique. Les efforts de normalisation de la langue menés par Pompeu Fabra à partir de 1912 constituèrent un acquis de première importance qui mit fin à la querelle d'anciens et de modernes autour des questions de grammaire et d'orthographe de la langue.

Elle prit un tour politique plus accentué au moment de la proclamation de la Seconde République, avec des périodes de crise qui ne sont pas sans rappeler celle que vivent les Catalans et les Espagnols en ce moment, comme la proclamation d'une

République catalane éphémère par Francesc Macià* en 1931 en écho à une déclaration similaire faite en 1641 par la *Junta General de Brazos de Cataluña*. Les Lois fondamentales du franquisme, qui dérogèrent l'ensemble des législations autonomes en vigueur et supprimèrent toute mention à un quelconque bilinguisme officiel, représentèrent un considérable pas en arrière. Leur prétention à totalement éradiquer le catalan de l'espace public (médias, administration, affichage commercial) aura des conséquences très lourdes quand on examine l'état des choses actuel, puisqu'elle n'aura pour effet que de rendre plus vivace encore le ressenti linguistique, faisant de la langue et de la culture spécifiques de la Catalogne un instrument de dénonciation et de lutte contre la dictature.

Le premier des textes fondamentaux qui régissent l'usage de la langue (ou des langues) dans l'Espagne contemporaine est la Constitution votée par tous les députés à une très large majorité en novembre 1978 (les députés nationalistes basques s'abstinrent et un député de l'extrême droite nostalgique du franquisme vota contre l'adoption du texte). Le 6 décembre, les Espagnols approuvèrent largement par référendum le texte de la Constitution (87 %). Rappelons ce que dit l'article 3 du titre préliminaire, consacré à la langue officielle :

> **Article 3.1.** Le castillan est la langue espagnole officielle de l'État. Tous les Espagnols ont le devoir de la connaître et le droit de l'utiliser.
> **2.** Les autres langues espagnoles seront également officielles dans leurs Communautés Autonomes respectives, en accord avec leurs statuts.
> **3.** La richesse des différentes modalités linguistiques de l'Espagne constitue un patrimoine culturel qui sera l'objet d'une protection et d'un respect particuliers.

Sans en faire l'exégèse, il nous faut tout d'abord signaler que, dans l'alinéa 2, le texte n'opère pas de distinction de valeur entre les langues, même si le concept de "modalité linguistique" les envisage sous un angle patrimonial et culturel plutôt que juridique. Cette notion englobe l'ensemble des usages, destinés à devenir officiels ou à rester confinés dans l'espace patrimonial (le *bable* aux Asturies, le léonais, l'aragonais, etc.). Par ailleurs, la Constitution renvoie aux statuts particuliers des régions, pour l'application de son précepte de co-officialité dans les communautés autonomes, institutions dont la charge est de donner corps à ces grandes lignes dans le respect des principes énoncés : officialité de l'espagnol sur tout le territoire, co-officialité avec la langue locale là où elle serait pertinente, c'est-à-dire attestée historiquement et culturellement.

Au fil de leur adoption entre 1979 et 1983, les premiers statuts des communautés concernées vont donc entreprendre de définir les questions d'apprentissage et d'usage des langues co-officielles sur leur territoire de compétence à partir de l'article 3 cité plus haut. Ce sera le cas pour les communautés autonomes du Pays basque, de Catalogne, de Valence, des Baléares et de Galice. Dans tous ces cas, les textes sont à peu de chose près identiques. Évoquons en un mot les différences : elles tiennent aux concepts de défense et de développement de la langue locale quand elle est d'usage minoritaire, ou, dans le cas basque, à celui de coopération culturelle et linguistique transversale avec les communautés dans lesquelles l'*euskera* est présent. Il s'agit de leur proposer comme vecteur langagier unique le *batua*, le basque normé, comme base de rapprochement culturel et politique. Il s'agit concrètement de tisser de tels liens avec les trois provinces basques françaises et avec la Navarre où le critère de co-officialité du basque a été réduit aux zones d'usage de cette langue. Les statuts seront complétés par des lois organiques de normalisation linguistique [Herreras, 2006].

Le temps exceptionnellement long d'application des normes constitutionnelles et statutaires (une quarantaine d'années) permet aujourd'hui de mieux comprendre comment le maillage linguistique s'est construit et développé dans les replis les plus profonds de la société et des institutions catalanes, ajoutant à la loi générale des règlements particuliers, des normes d'usage local, sans parvenir pour autant à modifier les usages privés des deux langues, fondés sur un passage très souple et informel de l'une à l'autre ou sur une attitude de défense face à la politique volontariste de néologisation promue par des instances officielles (Termcat) et épaulée par certains centres universitaires comme l'Observatoire de néologie de l'université Pompeu Fabra (OBNEO) créé en 1988 et adossé au centre de linguistique appliquée de cette même université depuis 1994. Pour respecter formellement la loi, et certainement pour ne pas réduire son champ de recherche et se couper de collaborations avec d'autres centres espagnols, cet observatoire ne réduit pas son travail à la formation de néologismes dans la seule langue catalane, mais l'étend clairement aux deux langues officielles : "L'Observatoire de néologie analyse le phénomène de l'apparition de termes nouveaux ou néologismes dans l'usage, en catalan comme en castillan" (https://www.upf.edu/es/web/obneo).

D'un point de vue linguistique, le gouvernement de la communauté autonome de Catalogne, pas plus qu'un État espagnol qui souhaiterait castillaniser tout son territoire, ne peut tout maîtriser. Ce n'est donc pas l'usage particulier qui peut s'y soumettre, puisque l'alternance codique et l'emprunt lexical sont les modes de communication langagiers les plus utilisés.

Mais la politique scolaire et la prolifération des textes réglementaires ont un peu forcé la chose, surtout dans ce que l'on peut appeler les critères de "l'initiative linguistique", autrement dit de la façon dont est déterminée, dans un rapport de service, la langue de communication employée et qui en décide. On pourrait penser que cette décision est prise par le demandeur, ce que le statut de 1932 appelait "la partie intéressée", ou à la rigueur, d'un commun accord entre le demandeur et le requis, sorte de contrat tacite. La chose n'est pas si simple parce que la tension que suppose cet état permanent de contrat peut à tout moment bloquer toute entente ou médiation. Par conséquent, le choix de la langue ne peut être maîtrisé que par ceux qui sont bilingues.

Le castillan se porte assez bien en Catalogne, c'est ce qu'indique le dernier rapport annuel de politique linguistique de la Généralité de Catalogne (2016) à travers quelques chiffres. Le plus illustratif est celui qui a trait à la langue de préférence en matière de télévision, le média le plus populaire. Même si la tendance est à l'érosion très légère, la langue de consommation de la télévision est à plus de 80 % le castillan, le catalan venant loin derrière :

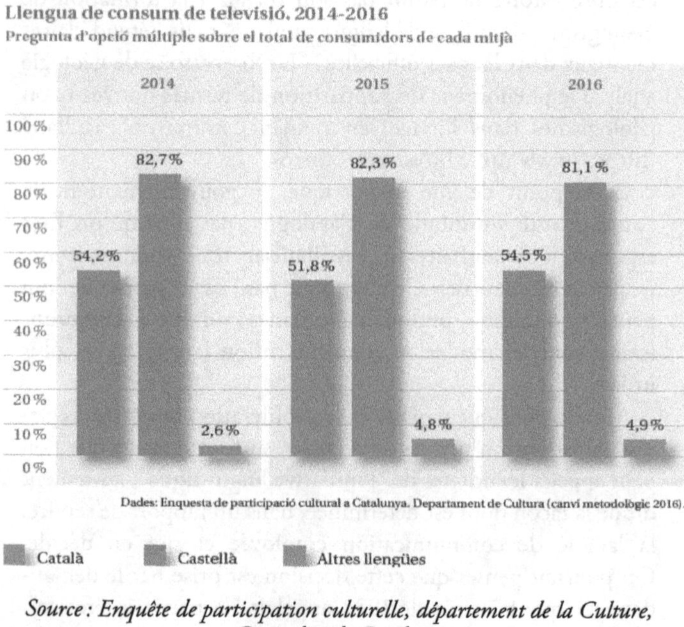

Source : Enquête de participation culturelle, département de la Culture, Généralité de Catalogne

Il est également vrai que la maîtrise de la langue catalane est plus faible dans les milieux sociaux les moins favorisés, les travaux de Carlota Solé Puig l'avaient montré pour les années 1970 et 1980. On peut lire son travail de synthèse d'étape publié en 1988 par l'Institut d'études catalanes* sous le titre *Catalunya : societat receptora d'immigrants : anàlisi comparativa de dues enquestes (1978 i 1983).*

Selon le rapport de 2016, dans le domaine de la restauration, secteur clé du tourisme, plus l'on descend dans l'échelle hiérarchique des emplois, des revenus et de la position sociale, moins le catalan est maîtrisé. Les propriétaires et gérants se situent à des niveaux de maîtrise parlée et écrite nettement au-dessus de leurs employés, avec près de 20 points d'écart (voir page suivante).

Dans le cadre scolaire, pour les plus petits, la méthode immersive pratiquée le plus souvent pose problème (elle crée un fossé entre les *non native speakers* et les autres), mais elle a cours de façon prédominante dans les écoles maternelles. Cependant la réciproque est vraie : séparer les enfants dans des établissements ou classes selon le choix des parents est non seulement socialement ségrégatif, mais peut conduire à une certaine désaffection pour l'autre langue. Tel est l'argument avancé par le *Sindic de greuges* (le médiateur), Rafael Ribó*, dans une note du 17 février 2018 critiquant la suggestion – quelque peu provocatrice et vite abandonnée – faite par le gouvernement espagnol en février 2018, en pleine crise institutionnelle, de réintroduire le libre choix de la langue à l'école [Síndic de greuges, 2018]. Le médiateur met en avant le caractère positif des politiques d'immersion et s'appuie sur une décision favorable du Tribunal constitutionnel de 1994 et du soutien apporté par le Conseil de l'Europe à ces politiques. Or c'est précisément le fait de jouer sur des systèmes différents d'approche de l'apprentissage des langues qui a permis de

Coneixements de català al comerç i la restauració de Barcelona. 2016

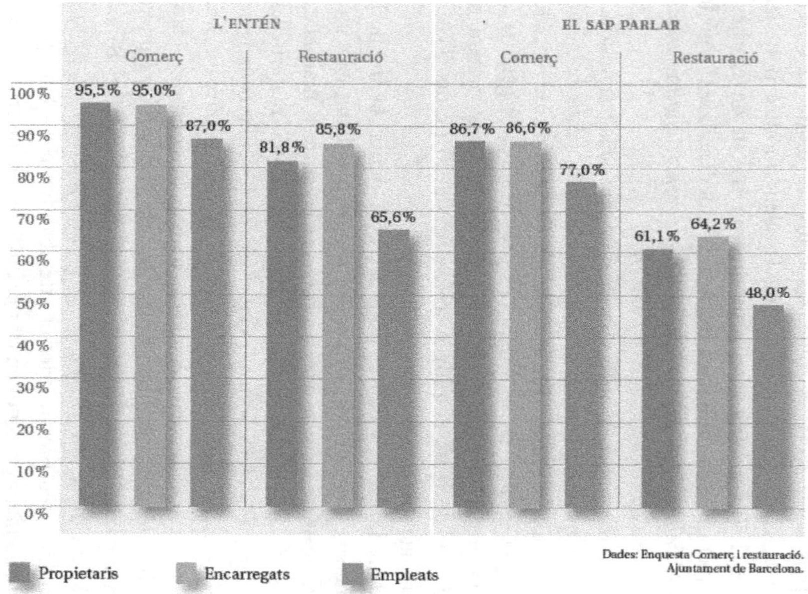

Source : Enquête de participation culturelle, Département de la Culture, Généralité de Catalogne

passer d'un supposé équilibre à un déséquilibre formel dans l'école, d'un système bilingue à un autre dont la méthode première serait l'immersion selon un critère dit "de conjonction linguistique", qui immerge de façon égale tous les enfants, quelle que soit leur langue d'usage privé, dans un tout catalan homogène.

Spécialisés dans l'étude de l'impact éducatif sur la langue des cours de récréation, Mireia Galindo et Xavier Vila Moreno précisaient en 2009 quel avait été l'objectif de ce plan unilatéral d'immersion linguistique :

> "Au cours des années 80 et 90 du siècle passé, la Catalogne a transformé son modèle linguistique scolaire pour implanter majoritairement le modèle de conjonction en catalan, fondé sur la scolarisation d'ensemble des apprenants quelle que soit leur première langue et sur l'adoption du catalan comme langue véhiculaire de l'enseignement. En termes généraux, les personnels éducatifs et sociaux impliqués dans le projet prévoyaient que ce modèle linguistique scolaire ferait croître la connaissance du catalan des élèves et, par effet de ricochet, conduirait à l'utilisation de cette langue dans les pratiques linguistiques informelles des nouvelles générations." [Galindo, Vila i Moreno, 2009].

Cependant, en 2009, ils ne pouvaient que constater l'échec de cette méthode et concluaient :

> "Pendant que nous réalisions l'étude de terrain de notre enquête, les deux langues qu'on entendait le plus pendant les récréations dans l'ensemble des 52 écoles étudiées étaient le catalan et le castillan dans des proportions largement inégales : alors qu'un peu plus du tiers des conversations enregistrées étaient menées en catalan, presque les deux tiers l'étaient en castillan et à peine 1,6 % l'étaient selon le principe de l'alternance codique." [*Ibid.*].

Cette constatation, chargée d'une certaine amertume, était reprise en 2014 par le philologue Jean-Pierre Le Bihan qui dressait un tableau teinté d'une relative impuissance devant la complexité des phénomènes d'acquisition et la diversité des pratiques linguistiques des élèves :

> "Je crois que le catalan doit être une langue d'intégration et non pas une langue de négation [...]. L'école ne peut pas tout, parce qu'elle n'est pas dans la rue. Disons que l'école devrait être présente dans la cour de récréation et elle en est largement absente [...]. Quand les enfants sortiront de l'école ils ne sauront pas gérer la chose parce qu'ils ne disposent pas des bons outils." [Le Bihan, 2014].

Ainsi, ce qui avait été l'un des leviers essentiels de la renaissance nationale et de la résistance contre la dictature franquiste perdait paradoxalement de son poids affectif en devenant un outil d'intégration forcée, dont les effets semblent être aujourd'hui globalement contre-productifs. Il se développe donc une certaine forme d'alarmisme du côté du nationalisme intégrateur, animé par la crainte de voir le castillan se transformer en *lingua franca* de la Catalogne, en particulier dans les milieux immigrés. Cette inquiétude atteint les cercles périphériques du pouvoir en place. Une "ONG" nationaliste, *La plataforma per la llengua*, n'arrive pas à comprendre le mécanisme qui veut que, malgré les efforts considérables pour faire du catalan "la langue de tout le monde", le processus d'intégration de la population immigrée se fasse majoritairement en castillan, remettant ainsi en question le discours officiel qui présente le catalan pour tous comme un instrument de cohésion sociale.

La petite musique de "l'entre-soi" : langue et religion

Ce phénomène a conduit certains groupes de pression linguistique à combattre l'idée même du bilinguisme officiel, qu'ils qualifient d'idéologie ou de mirage. Pour eux, l'omniprésence du castillan montre que le bilinguisme favorise la langue "exogène" (le castillan) plutôt que la langue "endogène" (le catalan). Tel est le cas d'un manifeste intitulé *Pour un véritable processus de normalisation linguistique*, dont le promoteur est le Groupe Koiné*, manifeste publié le 31 mars 2016 et signé par des professionnels des langues (enseignants, linguistes, traducteurs, étudiants en philologie). Ce manifeste passe à un autre discours, plus radical, celui du tout catalan, dénonçant tout à trac l'attentisme et les tergiversations des institutions officielles, l'utilisation par le franquisme de l'immigration comme arme de destruction linguistique massive. Il dénonce aussi l'échec de la politique d'immersion, puisque le catalan "n'est pas la langue dominante dans les générations de la prétendue immersion" et que "dans les zones les plus peuplées, la langue est connue mais très peu utilisée". Assez clairement, le manifeste avance l'idée que l'immigration joue aujourd'hui le même rôle de cheval de Troie culturel et linguistique de l'Espagne qu'aux temps de la dictature.

Sans le dire, ce manifeste prouve le développement d'un désir "d'entre-soi" qui est certainement le point fédérateur de toutes les nuances nationalistes d'aujourd'hui. En effet, si l'on se penche sur les chiffres les plus récents, publiés en 2017 par l'Institut de statistiques de Catalogne (Idescat), les deux groupes les plus importants de l'immigration étrangère en Catalogne sont les Marocains (201 000) et les personnes originaires de l'Amérique hispanophone (258 000). Ces chiffres montrent à la fois que la langue d'intégration peut difficilement être le catalan pour ces deux groupes, mais également que le passage à un bilinguisme de fait (voire au trilinguisme pour l'immigration originaire d'Afrique du Nord) a toujours posé un problème qui n'est pas seulement linguistique, mais bien aussi culturel.

L'historien Gregorio Morán a violemment dénoncé ce manifeste, le qualifiant de néofasciste pour son contenu anti-immigration à peine voilé et dont transpire, ainsi que le suggère un éditorial de *La Vanguardia* du 4 avril 2016, quelques "relents ethnicistes". Gregorio Morán rappelle une vérité partagée par un grand nombre de Catalans de deuxième ou troisième génération :

> "La classe ouvrière qui a contribué de manière décisive à la richesse de la Catalogne, exploitée, mal payée, vivant dans des conditions inhumaines pendant des décennies, devient aujourd'hui l'agent définitif du franquisme contre la Catalogne et sa langue. [...] Vous êtes, mesdames et messieurs les signataires, des néofascistes qui s'ignorent." [MORÁN, 2016].

Au fond, si toute référence à la langue officielle n'apparaît pas dans les Constitutions espagnoles antérieures à celle de 1931, nous pouvons dire que la question de l'officialité des langues "naturelles", "propres", se substitue à ce même moment de l'histoire à celle de l'officialité du catholicisme. C'est dans des termes analogues de "reconquête" et de présence hégémonique et officielle du catholicisme comme "religion naturelle", que le franquisme lui redonnera sa place. Aujourd'hui, la même inquiétude se fait sentir autour de la perte d'influence du catholicisme, battu en brèche par une multiplicité de concurrents. Comme si le *Volksgeist* catalan était en danger face à de multiples ennemis, qui parlent espagnol, sont évangélistes, athées, agnostiques ou musulmans, et s'opposent au vivre-ensemble. Elle transparaît dans l'usage permanent d'une terminologie obsessive, par exemple des expressions *nosaltres, a casa nostra,* un "chez nous" au caractère souvent excluant :

> "Les Catalans au poing levé rappellent les fanatiques du *Volksgeist* allemand. Pour eux, l'identité n'est pas un patrimoine culturel qu'il faut préserver sans exclure les autres (en dialoguant avec eux), mais plutôt une arme politique qui doit être utilisée pour exclure les autres, ce qui est autre. Leur 'nous' n'est pas libre, responsable et solidaire (la réponse espagnole aux attentats de l'État islamique a été solidaire). Leur 'nous' est impérieux. Il ne se définit pas par ce qu'il affirme mais par ce qu'il nie. Leur 'nous' n'est pas culturel mais politique. Leur 'nous' n'est pas patriotique, il est nationaliste." [Krauze, 2017].

Nul ne peut oublier que le parti de Carles Puigdemont* a un lien historique incontestable avec la démocratie chrétienne catalane, avec, à son origine, un groupe de chrétiens catalans créé en 1942, le Groupe Torras i Bages, auquel appartenait l'illustre historien Jaume Vicens Vives et un certain Jordi Pujol. Ce groupe se plaçait sous l'égide du prêtre nationaliste éponyme, qui revendiquait la langue comme expression de l'universalité missionnaire du christianisme, en s'inspirant du chapitre 14, verset 11 de l'Épître aux Romains : "Car il est écrit : Je suis vivant dit le Seigneur. Tout genou fléchira devant moi, et toute langue donnera gloire à Dieu."

C'était dans une situation où l'Église en Catalogne avait perdu son unique cardinal, Francesc d'Assís Vidal i Barraquer, opposé au régime et mort en exil en 1943. N'oublions pas non plus, qu'à titre personnel, le dirigeant de la Gauche républicaine de Catalogne (erc), Oriol Junqueras, revendique haut et fort sa culture chrétienne. Il ne faut pas davantage négliger l'appui constant de certaines fractions de l'Église catalane à la revendication identitaire, appui qui ne s'est jamais démenti. En effet, si la Conférence épiscopale espagnole a appelé dès le début au dialogue dans le respect des lois "pour éviter les fractures familiales, sociales et ecclésiales" (déclaration de la Commission permanente à propos de la situation en Catalogne du 27 septembre 2017), la Conférence épiscopale dite *tarraconnense*, du nom du premier diocèse calqué sur les anciennes frontières provinciales romaines (fondé en 419), adopte un autre langage. Cette conférence des évêques catalans, que le Vatican ne reconnaît pas, prône également le dialogue et le consensus comme moyen de sortir de la crise, mais avance comme préalable l'abandon des poursuites contre les leaders indépendantistes emprisonnés :

> "Nous souhaitons évoquer une question concrète qui nous préoccupe. Nous demandons une réflexion sereine sur l'emprisonnement préventif de quelques anciens membres du gouvernement et de certains dirigeants d'organisations sociales, sans entrer dans des débats juridiques, dans le but de créer les conditions du climat de dialogue dont nous avons tellement besoin. Il est souhaitable également que cette réflexion prenne en compte les circonstances personnelles des emprisonnés." (*Note des évêques de Catalogne* du 16 février 2018).

Ces différences ne sont pas nouvelles mais il est incontestable que la hiérarchie ecclésiastique catalane et le clergé régulier ou séculier ont toujours montré une certaine sympathie pour le nationalisme catalan, depuis Josep Torras i Bages, Francesc Vidal Barraquer, les abbés de Montserrat, jusqu'aux évêques catalans d'aujourd'hui. Les connexions sont donc très fortes, même si l'on ne peut ranger réellement le nationalisme catalan dans une catégorie que l'on pourrait appeler le national-catholicisme démocratique.

Nul ne peut oublier que l'un des catholiques catalans les plus célèbres, l'architecte Antoni Gaudí, dans les quelques écrits qu'il a laissés, célébrait métaphoriquement l'idée même de la *casa nostra*, qui, plus qu'une ode à la propriété individuelle, est une célébration des racines nationales :

> La maison est la petite nation de la famille ; la famille, en tant que nation, a une histoire, des relations extérieures, [elle connaît] des changements de gouvernement, etc.
> La famille indépendante a sa maison à elle ; celle qui ne l'a pas est locataire.
> La maison à soi est le pays natal ; la maison louée est celle de l'émigrant, c'est pour cette raison que posséder sa maison est l'idéal de tous.

Ajoutons pour finir que la Généralité de Catalogne et sa direction générale des Affaires religieuses publient sur leur site officiel un baromètre de la religiosité et une carte religieuse de la Catalogne, en réalité les résultats d'un sondage réalisé par un laboratoire de l'Université autonome de Barcelone (UAB), avec des évolutions suivies depuis 2001 (le dernier date d'avril 2015) qui montre que 52,4 % de la population se définit comme catholique, 15 % adepte d'une autre religion, 18,2 % se dit athée et 12 % agnostique. Cette enquête montre un net recul du catholicisme au profit à la fois de l'agnosticisme ou de l'athéisme et des Églises évangéliques. Elle montre aussi une disparité entre l'est et l'ouest (l'intérieur et la côte) qui recoupe à la fois les différences d'origine des Catalans, leurs liens culturels et cultuels, et surtout la multiculturalité de la partie ouest, la plus peuplée, la plus riche et la plus diverse, celle qui ne vote pas pour les partis nationalistes. Il est indéniable que l'inquiétude provoquée par cette perte d'influence du catholicisme, tout comme le fait de défendre une option d'enseignement religieux dans les écoles publiques catalanes, est un marqueur essentiel de la question nationale rarement mis en évidence (voir double page suivante).

IDENTITAT DELS PARES

Dades del 2014 en percentatges

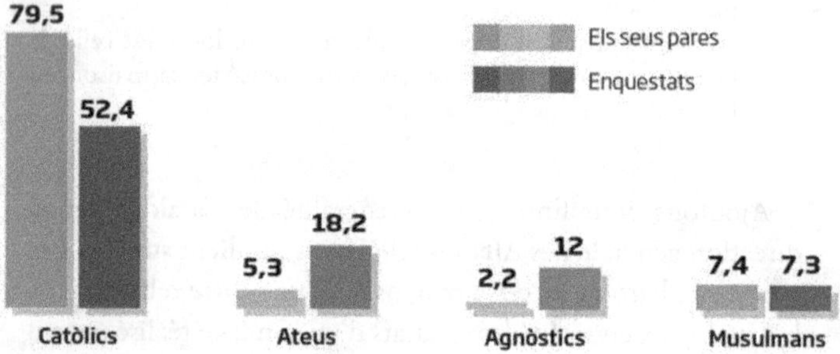

EVOLUCIÓ DE LA IDENTITAT

Dades del 2014 en percentatges

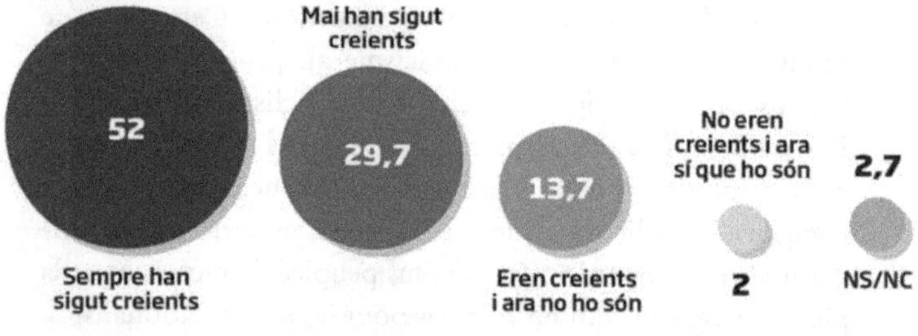

Source : Direction des Affaires religieuses de la Généralité, Idescat, CIS, Eurobaromètre

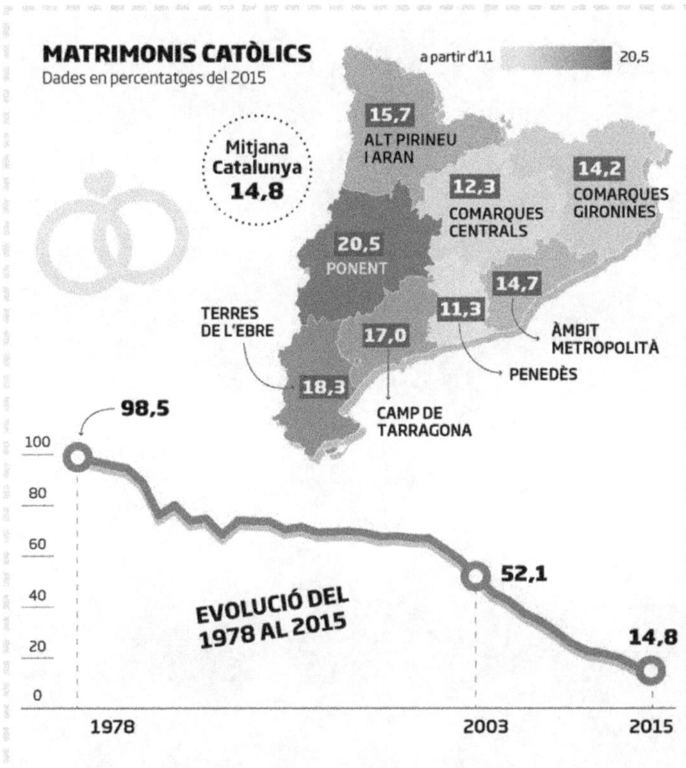

Source : Direction des affaires religieuses de la Généralité, Idescat, CIS, Eurobaromètre

LA FABRIQUE DE LA NATION PAR LE DROIT

La base des textes normatifs catalans est le texte de 2006 appelé *Llei orgànica de reforma de l'Estatut d'autonomia de Catalunya*, dont il faut rappeler qu'il s'agit d'une loi organique, de rang immédiatement inférieur à la Constitution, dans un contexte espagnol général de respect de la hiérarchie des normes qui fait de toute disposition régionale une norme de rang inférieur aux lois nationales votées par les Cortes.

Langue propre et langue officielle

Dans cette loi organique, qui est l'une des sources du conflit actuel, le critère de préférence est supérieur au critère d'égalité. Pour créer ce déséquilibre, le texte distingue dans son article premier la *llengua própia* et les langues officielles, réservant ce critère aux langues en tant que vecteurs linguistiques officiels, mais faisant de la "langue propre" une sorte de critère supérieur, dont on ne sait s'il s'appuie sur des fondements culturels et/ou historiques, puisque mention en est faite de façon nette dans l'alinéa 1 de l'article 6 :

> "La langue propre de la Catalogne est le catalan. En tant que tel, le catalan est la langue d'usage normal et préférentiel des administrations publiques et des moyens de communication publics de Catalogne, il est également la langue normalement employée comme véhicule d'apprentissage dans l'enseignement."

On peut remarquer que la définition d'un "usage normal" fait moins référence à une normalité morale qu'à un principe dit de normalisation des usages, autrement dit à un principe politique de réglementation des usages, d'où le nom de la première loi linguistique de 1983 : "loi de normalisation linguistique", qui présente la situation de la langue catalane dans un contexte de précarité et de victimisation justifiant les actions d'acculturation de la société comme "l'un des facteurs fondamentaux de la reconstruction de la Catalogne". Le terme disparaît de l'intitulé de la deuxième loi votée en 1998, "loi de politique linguistique", qui ne renonce pas à l'idée de la continuité d'un "processus de rétablissement de la présence du catalan dans toutes les sphères de la vie sociale". Mais elle ne renonce pas pour autant à évoquer un effort de normalisation de l'usage du catalan. L'évocation de ce processus de rétablissement ne porte pas seulement, on le voit, sur l'usage légal et réglementaire de la langue, mais bien sur son usage social, en ciblant pour l'essentiel les populations immigrées. La loi de 1998 ne distingue pas celles qui sont étrangères et celles qui sont venues du sud de l'Espagne. Quand elle dit, sans la nommer expressément, qu'une partie de la population immigrée continue à parler majoritairement le castillan, "qui est, souvent, leur langue maternelle", on peut aussi bien comprendre qu'il s'agit de tous les résidents, quelle que soit leur nationalité, dont la langue maternelle est l'espagnol.

Le deuxième alinéa traite des langues officielles et cette fois, comme le texte permet de le noter, les critères d'usage normal et préférentiel disparaissent au profit d'un critère d'usage qui concerne en priorité le public, et moins les services publics puisque leur rôle est limité à celui de "facilitateurs", mais sans qu'ils y soient contraints eux-mêmes :

> "Le catalan est la langue officielle de la Catalogne. Le castillan, langue officielle de l'État espagnol, l'est également. Toutes les personnes et les citoyens de la Catalogne ont le droit et le devoir de les maîtriser. Les pouvoirs publics catalans doivent mettre en œuvre les mesures nécessaires pour faciliter l'exercice de ces droits et l'accomplissement de ce devoir. L'article 32 stipule que l'usage des deux langues ne peut être source de discrimination."

Pour ce qui est de “l’initiative codique”, la loi organique précise malgré tout clairement que toutes les personnes ont le droit d’employer la langue officielle de leur choix (article 33), ce qu’on appelle le “droit d’option linguistique”, obligeant ainsi toutes les institutions publiques ou les organismes au service du public. Cela vaut évidemment pour toute action en justice, acte notarial, acte d’état civil, etc. Dans la mesure où c’est le demandeur qui choisit la langue, les acteurs publics et leurs personnels doivent maîtriser les deux langues, ce qui pose un problème spécifique en matière de respect du principe d’absolue égalité devant la loi, et aussi de recrutement dans la fonction publique nationale ou territoriale. C’est le cas en ce qui concerne les magistrats et tous les personnels de justice. La loi organique du pouvoir judiciaire (LOPJ) précise que les concours de recrutement et de mutation du personnel de justice sont convoqués par la communauté autonome :

> “Les concours de dotation des postes vacants de la magistrature, des secrétariats et de l’ensemble du personnel de l’Administration judiciaire seront ouverts, à la demande de la Communauté Autonome concernée, par l’organisme compétent et selon les dispositions légales.”

Ce qui en Catalogne se traduit par une double exigence : maîtriser la langue et les singularités du droit local spécifique. Ces futurs personnels doivent apporter la preuve de leur connaissance de la langue et des particularités du droit local, preuve qui peut prendre la forme d’une attestation de niveau acquis, ainsi que le définit le statut de la Catalogne :

> “Les magistrats, juges du siège et du parquet qui occupent un poste en Catalogne devront faire la preuve d’une connaissance appropriée et suffisante du catalan pour rendre effectifs les droits linguistiques des citoyens dans la forme et avec l’amplitude déterminée par la loi. En tout état de cause, une connaissance suffisante de la langue et des droits particuliers sera prise en compte positivement pour obtenir un poste à travers les différents concours prévus à cet effet.”

Condition confirmée par l'article 341 de la loi organique du pouvoir judiciaire de 1985 :

> "Pour les nominations aux postes de président des Tribunaux supérieurs de justice et des Cours d'appel des Communautés Autonomes qui disposent d'un droit civil particulier et d'une langue officielle propre, le Conseil Général du Pouvoir Judiciaire tiendra compte, dans l'examen des candidatures, de la spécialisation dans ces matières de droit spécial ou particulier et de la connaissance de la langue propre de la communauté."

Les Tribunaux supérieurs de justice (TSJ) ont une compétence limitée au territoire de chaque communauté autonome et aux matières qui relèvent de la compétence de la communauté, la LOPJ étant une loi de rang supérieur dont la compétence territoriale s'étend à toute l'Espagne. Les décisions des TSJ sont donc susceptibles de recours devant le Tribunal suprême (TS), équivalent de la Cour de cassation française.

On le voit, si le droit dit la loi, il la dit avec beaucoup de subtilité. Aussi bien en matière d'accueil des étrangers qu'en matière de droit commercial, les textes qui donnent la préférence au catalan ont également fait l'objet de recours auprès du Tribunal constitutionnel (TC) tout récemment encore, recours rejetés partiellement (par exemple pour l'obligation pour les étrangers d'apprendre les deux langues et en priorité le catalan) ou totalement (par exemple pour l'obligation d'être servi dans les commerces privés dans la langue de son choix). La question cruciale restait celle du caractère préférentiel que le statut de 2006 accordait à la langue catalane. La rectification de l'article 6 du statut fut apportée par le TC en 2010 à la suite d'un recours en constitutionnalité engagé contre le texte par des parlementaires du Parti populaire (procédure appelée en France "droit de saisine"). L'article incriminé (6.1) désignait la langue catalane comme la langue "propre" de la Catalogne et que son usage devait donc être "normal et préférentiel" dans les administrations publiques, les médias publics et l'école. La réponse du TC fut la suivante :

> "Considérer le catalan comme une 'langue propre' ne doit pas supposer un déséquilibre dans le régime de co-officialité. Déclarer des préférences implique la primauté d'une langue sur l'autre."

En octobre 2016, les députations de Gérone et Lérida avaient engagé un recours contre cette rectification, recours rejeté par le TSJ de Catalogne, rejet confirmé par le TS. Quelques-uns des foyers de résistance à l'application du critère d'équilibre voulu par la Constitution, qui résulte de l'interprétation du mot "également" apparaissant dans le texte de l'article 6, se sont ainsi manifestés par la voie du recours, mais, dans l'ensemble, soit ces recours n'ont pas obtenu gain de cause, soit, le plus souvent, ils ont été rejetés. Dans la plupart des cas, les règlements des institutions publiques sont rédigés de telle façon qu'ils distinguent toujours, ainsi que le fait le statut d'autonomie censuré par le TC, entre "langue propre" et "langue officielle", dichotomie que l'on peut considérer comme rhétorique. Elle permet de développer sans le dire expressément le critère préférentiel, en définissant un critère d'exceptionnalité de la langue locale. En quelque sorte, elle vise à ramener l'usage de l'espagnol aux mêmes contraintes que l'usage de langues étrangères. Voici un exemple : le règlement de l'université Rovira i Virgili de Tarragone. Dans son préambule (accessible sur la page d'accueil de cette université), on peut lire :

> "Les articles 3.1 et 3.3 du Statut d'autonomie de la Catalogne établissent un cadre normatif qui oblige les pouvoirs publics à prendre les mesures nécessaires et à entreprendre les actions appropriées pour que l'usage du catalan comme langue propre de la Catalogne, devienne aussi la langue propre des administrations publiques catalanes. [...] Les universités ne peuvent se soustraire à ce mandat, car, en tant qu'administrations assurant un service public, elles ont leur siège sur le territoire catalan et

> sont soumises aux compétences et aux dispositions qui, en matière d'enseignement supérieur, reviennent à la Généralité de Catalogne, dans le cadre de l'autonomie des universités reconnue par la Constitution. Ces éléments, auxquels il faut ajouter le statut de double officialité des langues en vigueur aujourd'hui en Catalogne et le développement du besoin de bilinguisme dans notre environnement, peuvent conduire à une application diversifiée des critères dans des situations de communication linguistique identiques, dans lesquelles il faut veiller à ce que l'application du mandat de normalisation respecte les droits des citoyens à user de la langue de leur choix."

Très clairement, puisque le texte fait référence au processus dit de "normalisation linguistique", la priorité est donnée au catalan dans l'enseignement, les indications écrites, l'affichage, la documentation interne, les communications extérieures, en faisant exception des intervenants étrangers et des cours de et en langue étrangère. Évidemment, l'"environnement" évoqué est bien vague, mais l'on comprend qu'il peut autant signifier la France, l'Europe et ses politiques d'échanges universitaires, "le reste de l'Espagne" et les nombreux liens de coopération en matière de recherche et d'enseignement qui existent entre cette université catalane et d'autres universités espagnoles.

Remarquons au passage que la référence légale majeure est le statut d'autonomie de la Catalogne, la Constitution n'étant mentionnée que comme garante de l'autonomie des universités. Contrairement à cette université, les règlements d'autres institutions font souvent référence en premier lieu à la Constitution, tout en conservant la même disposition de séparation des concepts juridiques de langue propre et de langue officielle. C'est le cas par exemple du règlement de la municipalité de Cornellà de Llobregat, ville de la banlieue de Barcelone de près de 90 000 habitants, dans lequel il est également fait référence à un processus de normalisation dans l'esprit de la recherche d'équilibre ou d'égalité de traitement des langues co-officielles :

> "L'adoption de la Constitution espagnole en 1978, et la reconnaissance de la personnalité des peuples qui composent l'État espagnol ainsi que des différentes modalités linguistiques qui, outre qu'elles sont considérées comme patrimoine culturel [...], sont reconnues comme langues officielles dans les communautés autonomes concernées, au même titre que le castillan, qui l'est sur tout le territoire espagnol, ouvrent la voie à la normalisation linguistique du catalan."

Le règlement de la ville de Mataró est un peu plus drastique que ceux que nous avons cités, dans la mesure où, comme référence d'autorité, il ne cite pas la Constitution mais les lois normalisant les usages linguistiques de 1983 et 1998 et restreint aussi fortement l'usage du castillan, ainsi que l'illustrent les articles 7 et 8 :

> **Article 7.** Les documents imprimés bilingues ne seront donnés que si un contexte exceptionnel y oblige, en accord avec les orientations établies par la commission interdépartementale de suivi à laquelle se réfère l'article 23 [de ce règlement], sur proposition du comité de normalisation linguistique [...]. Le texte en catalan doit être soumis en préférence.
>
> **Article 8.** Le personnel de la Mairie, dans ses communications administratives orales, doit employer le catalan, sauf dans le cas où l'administré demande à être entendu en castillan. De la même façon, il est possible d'avoir recours à toute autre langue ou moyen d'expression qui facilite la communication en cas de nécessité.

Il en est de même pour le règlement de la Municipalité de Barcelone, mais la rhétorique est un peu différente :

> **Art. 3.3.** La mairie et ses différentes régies ainsi que les divers services et antennes administratives, doivent, dans leurs actes administratifs, rédiger la documentation au moins en langue catalane.

Dire que les documents officiels émanant des structures administratives et des services publics ou services au public doivent être rédigés "au moins" en langue catalane indique une acceptation du bilinguisme même implicite. L'article 3.3 se place donc sur le terrain de la défense et promotion du catalan et non pas sur le terrain offensif de la préférence linguistique. Parmi les nombreux recours engagés, il faut souligner ceux qui tournent autour du caractère préférentiel ou exclusif du catalan comme langue de communication interne ou externe. Les sentences du Tribunal constitutionnel peuvent cependant être interprétées de façon plus ou moins ouverte. C'est le cas quand on compare les décisions du TC et les interprétations du TSJC, même si le résultat est le même :

> "Qualifier le catalan de langue propre n'a aucun effet légal et ne justifie pas son usage prioritaire ou préférentiel par les pouvoirs publics. En ce sens, les deux langues sont d'usage normal. Par conséquent la qualification juridique du catalan comme langue d'usage préférentiel est inconstitutionnelle." [Tribunal superior de justícia de Catalunya, 2012].

La différence entre langue propre et langue officielle n'est pas uniquement catalane ; on la retrouve dans l'article 5 du statut d'autonomie de la Galice. Le statut d'autonomie du Pays basque insiste aussi, à l'image du catalan ou du galicien, sur le caractère propre de l'*euskera* et sur l'effort de normalisation de la langue basque officielle, en accordant à l'académie de la langue basque un rôle consultatif prépondérant :

> 1.- L'euskera, langue propre du peuple basque aura, comme le castillan, le rang de langue officielle en Euskadi, et tous ses habitants ont le droit de connaître et d'utiliser les deux langues.
>
> 2.- L'ensemble des institutions de la Communauté Autonome, en tenant compte de la diversité sociolinguistique du Pays basque, garantiront l'usage des deux langues, en réglementant leur caractère officiel. Elles arbitreront et appliqueront les mesures et les moyens nécessaires pour assurer leur connaissance.

D'un point de vue sociolinguistique, le concept même de langue propre est étranger à la pensée française. On peut l'opposer à celui de *langue maternelle*, qui est davantage lié à un principe de racines familiales ou de *langue vernaculaire*, qui fait référence à son usage historique. Fernando Álvarez de Miranda en fait la critique à partir du principe de la non-intromission dans la sphère privée de règles d'usage de la langue ; il qualifie ce concept de "glissant" (*resbaladizo*), autrement dit, de dangereux [Álvarez de Miranda, 2013]. Très souvent on lui donne comme équivalent le concept ambigu de *langue naturelle*, attachée à un territoire et à son histoire et produite spontanément.

On le voit, l'introduction et la généralisation de cette manière d'envisager le multilinguisme éveillent des craintes : celles que la naturalité supposée se transforme en règle, autrement dit que l'on passe de l'évidence d'une langue attachée à un territoire au gommage du critère de langue officielle pour imposer celui de langue obligatoire. Cette critique du concept de langue propre est surtout manifestée par un certain conservatisme espagnol (c'est le cas du monarchiste Álvarez de Miranda cité plus haut). L'angle juridique de la critique de ce concept vient des tribunaux auxquels furent soumis de nombreux recours qui, invariablement, sans statuer sur le fond de sa pertinence, ne donnent à ce concept aucune portée juridique, la réservant au concept de langue officielle, dans un cadre d'équilibre voulu par le principe de co-officialité inscrit dans la loi.

Il est clair que toutes les 948 municipalités catalanes (grandes ou petites) ne publient pas de normes explicites d'usage de la langue, alors que c'est le cas des universités, puisque la langue est au cœur même de leur activité et de leur production scientifique. Mais l'abondance des structures et des textes à finalité linguistique est l'une des manifestations d'une guerre de position qui n'aura pas de fin. Le strict respect de la co-officialité et de l'équilibre dans l'usage institutionnel des deux langues est difficile à faire admettre à ceux qui pensent que le catalan est en position de faiblesse face à l'omniprésence du castillan dans l'usage privé, mais également à ceux qui pensent qu'il faut, comme dans le modèle belge défini par la loi du 31 juillet 1921, en venir à un modèle d'unicité linguistique séparée. La réalité des enjeux est plus complexe. L'ensemble des institutions, selon des critères prédéfinis par la loi, semble donc jouer sur le sens de concepts contradictoires : langue propre/langue officielle, préférence/égalité. L'enjeu est à la fois linguistique et politique : forcer quelque peu les usages réels pour faire en sorte que le catalan devienne la langue d'usage dominant de la vie quotidienne en Catalogne ou même la langue exclusive, l'espagnol étant relégué au rang de langue de communication avec l'État ou même de langue étrangère dans les apprentissages.

C'est le sens de la demande des groupes locaux d'*Esquerra republicana* qui, faisant de la langue catalane la victime d'une oppression multiséculaire, demandent, à l'exemple du groupe ERC* de Sitges, que le catalan soit la seule langue véhiculaire à l'école. Ils le font en habillant cette demande de la plus parfaite et bien espagnole rhétorique du vivre-ensemble (*la convivencia*) et de la langue comme "outil de cohésion sociale", tout en maintenant une revendication catalaniste vieille comme le nationalisme, celle d'un patriotisme linguistique qui unirait la Catalogne historique, le Roussillon, Valence et les îles Baléares et "les Pays catalans" selon la formule réemployée dès le début des années 1950 par des intellectuels comme Joan Coromines* ou Joan Fuster :

> "La langue catalane est notre outil pour plus de cohésion sociale, outil du vivre-ensemble, et nous devons la défendre ensemble dans tous les Pays catalans : 'si on nous attaque, on nous attaque tous'." [ERC Sitges, 2012].

La tendance générale a donc été au cours des vingt dernières années, à travers tous les règlements d'usage, de restreindre ou même de réduire à néant le principe d'égalité des deux langues officielles pour donner plus d'espace au catalan. Le modèle restrictif est plus directement celui des institutions locales, en particulier des municipalités, selon leur coloration politique. Mais les questions d'affichage et de signalisation toponymique se posent de la même façon et très clairement depuis le décret du gouvernement catalan du 8 avril 1991 :

> "Les noms de lieu constituent une partie essentielle du patrimoine d'un peuple et il repose sur des éléments importants de son histoire et de sa tradition. La loi du 8 octobre 1982 sur les changements de nom des communes catalanes a représenté une avancée importante dans la restauration des toponymes catalans, loi consolidée par l'article 12 de la loi du 18 juillet 1983 de normalisation linguistique en Catalogne. L'obligation de rendre effectives les prescriptions de la loi de normalisation linguistique dans cette matière rendent nécessaire son déploiement réglementaire." [Butlletí oficial del Parlament de Catalunya, 1991].

L'orientation générale est donc assez claire ; l'objectif reste celui d'une seule langue. Cet objectif est défini assez abruptement par le Groupe Koiné dans son manifeste indépendantiste de 2016. Il affirme en substance que le bilinguisme officiel ou privé est insoutenable, il n'est que la justification nouvelle de la domination espagnole sur la Catalogne, dans la parfaite continuité des régimes antérieurs depuis 1714. Il affirme aussi que dans le cadre futur d'une Catalogne indépendante, l'abandon du bilinguisme est impératif :

> "Nous dénonçons l'idéologie politique du soi-disant 'bilinguisme' que l'on a inoculée depuis les cercles du pouvoir à toute la population catalane depuis 1978 pour justifier le régime juridique établi par la Constitution et le Statut d'autonomie en laissant croire que la coexistence des deux langues en Catalogne, avec un statut supposé être identique en matière d'officialité et d'égalité des droits, est un fait naturel, positif, enrichissant et démocratique. En réalité, cette idéologie du bilinguisme n'est rien d'autre qu'une façon de dissimuler le processus de substitution linguistique qu'elle porte, processus dont est victime la société catalane. La lenteur de ce processus conforte dans la

population la chimère selon laquelle le bilinguisme social peut permettre le redressement de la langue minorisée et une situation d'équilibre permanent entre la langue endogène et la langue exogène."

Cette radicalité, qui prend la langue pour thème central, est assez démonstratrice de la relation fusionnelle et confusionnelle du nationalisme catalan avec la question de la langue et de la culture. En effet, si les racines historiques de l'existence d'un État catalan peuvent être mises en doute, celles d'une présence forte du catalan ne peut pas l'être. Les enquêtes produites par l'Institut de statistiques de la Catalogne montrent qu'un socle d'un peu plus de 36 % des personnes résidant dans cette partie de l'Espagne considèrent le catalan comme leur langue d'identification et leur langue d'usage courant (enquête de 2013), que 95,12 % d'entre eux le comprennent et 73,16 % savent le parler (enquête de 2011).

Le droit comme fondement du consensus

Il est clair que le discours des indépendantistes catalans ne peut se défaire de son imprégnation du droit commun de tradition romaine, à l'œuvre dans l'Europe du Sud depuis la renaissance de ce droit à travers les travaux des glossateurs de l'École de Bologne. Il reste aussi imprégné (comme le *batua*) d'un discours, d'un phrasé et d'un contenu espagnols. Même Carles Puigdemont, quand il emploie la langue du droit ou le langage politique, reste dans la norme espagnole : mêmes tics, mêmes procédures, mêmes concepts. "Un discours juridique se reconnaît à sa structure et à son style", disait très justement Gérard Cornu [2005].

On ne peut oublier non plus l'important processus de codification engagé au XIXe siècle, processus qui s'accompagne de la mise en place d'un système judiciaire aux prérogatives accrues, en quelque sorte fondé sur trois points déjà présents dans la première Constitution espagnole de 1812 :

1. la reconnaissance de l'existence d'un pouvoir judiciaire,
2. l'affirmation de son indépendance, de son unicité et de la validité de ses décisions étendue à toute la nation,
3. le principe de compétence exclusive des juges et tribunaux.

Par ailleurs, à la mort du dictateur et pendant la période dite de "transition", l'Espagne va signer de nombreux traités et conventions qui vont la soumettre à de nouvelles obligations en matière de droit des gens et de libertés individuelles et collectives. Dans le règlement de cette transition, c'est le choix de la voie parlementaire qui dominera. Elle passera par une première loi, dite "loi pour la Réforme politique" dont l'objectif, outre la légalisation des partis, permettra de mettre en place un Parlement élu démocratiquement avec la mission de se muer en Assemblée constituante. Notre propos n'est ni de chercher à savoir si la transition entre dictature et démocratie parlementaire a été "réussie", "pactée" ou "octroyée", ni tenter de se demander si elle doit être interprétée comme l'œuvre des cadres de la dictature, comme un accord entre les factions modérées des élites espagnoles ou comme la victoire du mouvement social. Disons que le discours mythique ou critique des conditions de cette période qui couvre les années 1975-1978 continue à se développer et est assez riche de références, y compris françaises [Peres, Roux, 2016].

C'est par un considérable effort de production juridique que l'État nouveau s'est mis en place. Il fallait prendre des modèles. La Loi fondamentale de la République fédérale allemande donnera l'ossature du modèle constitutionnel et la Constitution de la Seconde République quelques-uns des axes fondateurs en matière d'autonomie. Dans la constitution de ce qui ne pouvait être ni un État fédéral, ni un État centralisé ou unitaire, il fallait faire preuve d'imagination.

L'une des restrictions essentielles était qu'il fallait éviter à tout prix d'aller jusqu'au bout de cet alignement sur le modèle allemand en évoquant le terme de "fédération". D'un point de vue historique, la conception fédérale de l'État avait toujours été associée à l'idée de restauration républicaine, or pour les forces de la droite espagnole, cette perspective sémantico-politique était inenvisageable.

Par ailleurs, nous l'avons rapidement esquissé, fédéralisme, républicanisme et nationalismes formaient un trio conceptuel qui provoquait des résistances qui auraient pu mettre à mal l'effort pacifique de transition démocratique. C'est pour cette raison que, face aux défenseurs d'une continuité ultracentraliste, deux options se présentaient : d'une part celle d'un État multinational qui avait été esquissée par les communistes du PSUC*, État qui reconnaîtrait dans un premier temps la spécificité historique et culturelle de la Catalogne, du Pays basque et de la Galice, ou, d'autre part, celle d'un État fédéral qui mettrait toutes les communautés régionales en voie de création au même niveau de compétences. La revendication d'indépendance était reléguée au tout dernier plan, étant même inexistante dans le discours catalaniste.

Entre juin 1977 et décembre 1978, la négociation sur le projet de Constitution se fit au sein de commissions parlementaires dont la mécanique de fonctionnement a été analysée par leurs participants. Très rapidement, la question de la forme de l'État (monarchie* ou république) fut réglée sous la forme d'une concession unilatérale de la part de la gauche espagnole (socialiste et communiste). Cette concession laissait la voie libre au renforcement des critères constitutionnels relatifs aux libertés fondamentales et à l'acceptation par la droite espagnole (majoritaire) de leur pleine application. C'est ce que soulignait en 1978 le professeur de droit Jordi Solé Tura* qui fut l'un des "pères" de la Constitution de 1978 et négocia son avant-projet au nom du PCE-PSUC :

> "En fin de compte, les principales forces politiques ont agi jusqu'ici dans un esprit de compromis tacite visant à ne pas donner la priorité à la question de la forme du gouvernement." [Solé Tura, 1978].

Compromis *tacite* comme étape préliminaire puis compromis *explicite,* qui serait scellé par un accord sur un avant-projet constitutionnel : telle était la conception "consensuelle" du représentant du PCE au sein de la commission : un consensus éclairé et ouvert, résolument tactique, fait de compromis, qui constitue une étape vers d'autres évolutions. Cependant, pour évoquer le mode de fonctionnement de la commission, Solé Tura n'hésite pas à évoquer lui aussi le consensus, mais plutôt comme principe de volonté : "L'incontestable volonté de consensus qui a animé les discussions s'est traduite par un pourcentage élevé d'accords sur des questions de fond en matière de démocratie" [*Ibid.*].

Le député d'*Alianza Popular*, Manuel Fraga Iribarne, ancien ministre de Franco, présentait ainsi le mode de fonctionnement de la commission chargée de l'avant-projet :

> "Pour chaque chapitre, trois textes étaient systématiquement proposés : le socialiste (Peces-Barba), en général long, académique et progressif (terme privilégié par le professeur de philosophie du droit) ; le communiste de Solé Tura, en général modéré et précis (il était aussi professeur de droit politique) et dans la ligne des propositions eurocommunistes ; et le mien. L'UCD ne se consacrait qu'à critiquer les trois et, le lendemain, Roca présentait une proposition de compromis/synthèse (sauf sur la question des autonomies pour laquelle il présentait sa propre proposition)." [Fraga Iribarne, 1987].

Le négociateur socialiste Gregorio Peces-Barba décrivait quant à lui ce moment comme celui d'un effort d'aplanissement, une pratique consensuelle qui tentait de trouver non pas un dénominateur commun, mais des bases d'accord permettant de réserver l'essentiel des débats aux questions conflictuelles :

"Nous avons tenté dès le début de construire un projet qui ne heurte personne et dans lequel chacun puisse se retrouver. Finalement, je crois que la Constitution est une norme avec laquelle personne ne s'identifie totalement ni ne peut s'approprier le texte. Tous les groupes politiques estiment qu'ils peuvent gouverner avec elle et, dans une moindre mesure, ils se sentent tous insatisfaits puisqu'ils savent que les autres le sont aussi, tout cela laissant donc à penser qu'il s'agissait de la meilleure constitution possible." [PECES BARBA, 1988].

Miguel Herrero de Miñón, le négociateur du parti alors au pouvoir (UCD) déterminait clairement quels étaient ces points potentiellement conflictuels :

"[Dans la commission], nous avions trois objectifs communs impératifs. Tout d'abord, transformer la monarchie autoritaire élaborée par la législation franquiste en monarchie parlementaire. En deuxième lieu, établir les limites de pouvoir d'un État de droit. Enfin, garantir les autonomies exigées par les faits différentiels, sans amoindrir l'unité espagnole." [HERRERO DE MIÑÓN, 1993].

Comme on le voit, l'un des trois points essentiels était celui du modèle d'État : faire de l'Espagne un État unitaire-fédéral inscrit dans une sorte de quadrature du cercle : maintien de l'unité de l'Espagne et prise en compte du "fait différentiel", autrement dit des exigences de diversité manifestées dans les régions concernées.

Le résultat des négociations finira par un renforcement du profil fédéral de l'État espagnol, mais sans fédération, modèle inédit que, non sans ironie, le constitutionnaliste Bartolomé Clavero appelait un modèle de "fédéralisme anonyme". Chez les nationalistes catalans, le ton était modéré. Miquel Roca i Junyent*, qui participa au nom des minorités basques et catalanes à l'élaboration de la Constitution aux côtés des députés que nous venons de citer, précisait devant quelle alternative les constituants se trouvaient : soit donner aux nationalités* les plus développées (par conséquent disposant d'une histoire et d'une "conscience de soi") un statut préférentiel, soit généraliser cette possibilité à tous les territoires de l'État espagnol. Pour lui, ce dernier choix, qui fut finalement celui de la Constitution par la voie de l'article 143-1 était la seule voie possible, car elle permettait de mettre fin au centralisme dominant depuis quarante ans par la voie du consensus. Ainsi l'exercice du droit à l'autonomie, reconnu par l'article 2 de la Constitution, qui prévoyait que pouvaient se constituer en communautés autonomes "les provinces limitrophes aux caractéristiques historiques, culturelles et économiques communes, les territoires insulaires et les provinces disposant d'une personnalité juridique historique", pouvait être généralisé.

Mais Roca i Junyent mettait en garde contre le risque de voir la Constitution verrouiller les limites des compétences des régions et nationalités en interdisant leur évolution sans les obliger à un débat de réforme constitutionnelle, avec, en toile de fond de sa réflexion, le risque d'interdire la possibilité pour les unes et les autres de ces régions de "s'exprimer spécifiquement" et, bien au contraire, de voir limiter ce droit par les autres [Roca i Junyent, 1978]. À sa préoccupation venait répondre l'alinéa 2 de l'article 148, qui permettait aux communautés de négocier avec l'État l'élargissement de leurs compétences ; l'alinéa 3 de l'article 149 fixait pour sa part comme règle sur les compétences autres que celles mentionnées dans la Constitution le principe de subsidiarité* verticale faisant du droit de l'État le droit supplétif dans les matières ne relevant pas de la compétence des communautés et régions, sans pour autant fermer la porte à de futures évolutions :

> "Les matières qui ne sont pas expressément attribuées à l'État par cette Constitution pourront revenir aux Communautés Autonomes, selon leurs propres statuts. La compétence sur les matières qui n'auront pas été prises en charge par les Statuts d'Autonomie reviendra à l'État, dont les normes prévaudront sur celles des Communautés Autonomes, en cas de conflit,

pour tout ce qui ne relève pas de leurs compétences exclusives. Le droit général sera, en tout état de cause, supplétif du droit des Communautés Autonomes."

Un quart de siècle plus tard, dans la préface qu'il rédige pour le livre collectif *La España de las Autonomías. Reflexiones 25 años después*, le ton n'est plus exactement le même, bien que l'effort de nuance imprègne toujours le style de ce personnage politique de premier plan dans la Catalogne des décennies 1960 et 1970. Tout en se félicitant de la mise en place "fluide et pacifique" des autonomies qui met l'Espagne au niveau des grands États fédéraux d'Europe, il souligne trois points qui lui semblent relever de la nécessaire évolution et de l'approfondissement du cadre général définissant les autonomies :

1. Faire du Sénat une authentique chambre de représentation des communautés autonomes.

2. Revoir le système de financement de ces communautés en accordant à ces dernières des quotas plus élevés d'autonomie financière afin de lever la contradiction entre l'autonomie limitée des recettes et une politique de dépenses autonome.

3. En finir avec la limitation par voie législative et réglementaire des compétences des autonomies.

Ces trois points n'ont nul besoin d'une révision des statuts dans le sens de leur réforme, mais bien de l'ouverture d'un dialogue qui semble bloqué par ce qu'il appelle "un manque de volonté politique", selon Roca i Junyent, qui renvoie dos à dos, sans jamais les nommer, l'État et le gouvernement espagnols tout comme l'entreprise de réforme du statut de la Catalogne engagée par la coalition de gauche alors au pouvoir en Catalogne et qui réunissait le PSC*, ERC* et IU (*Izquierda Unida*) [Roca i Junyent, 2005].

Cette année 2005 peut être considérée aujourd'hui comme le point de départ de la formation d'une radicalité indépendantiste en Catalogne, puisque le 25 septembre, le Parlement catalan s'exprimait sur un projet de réforme du statut de la Catalogne de 1979, projet adopté par une large majorité (la majorité des deux tiers était requise) après d'âpres négociations entre le gouvernement de coalition tripartite et CIU (Convergence et Union). Elles portaient sur la question des "droits historiques" en matière de recettes et de dépenses et de la politique de convention fiscale bilatérale (*concierto fiscal*), que le parti de Jordi Pujol et de Roca i Junyent avait refusée en 1980, et la laïcité de l'enseignement. Sur ce dernier point le texte négocié et son article 21 faisaient référence à la liberté de croyance et à l'obligation de laïcité de l'enseignement en y ajoutant le droit de recevoir un enseignement de religion optionnel dans les établissements publics. Sur le premier, nous restent les mémoires-fleuves de Pedro Luis Uriarte, alors conseiller chargé des finances du gouvernement basque, qui rappelle que la proposition de l'État et de son ministre des Finances Jaime García Añoveros, celle de concéder à la Catalogne le même accord financier qu'aux Basques, avait été rejetée par le nouveau conseiller aux finances de Jordi Pujol, Ramón Trias Fargas, pour trois raisons essentiellement justifiées par des questions d'opportunité politique, quelques semaines après la mise en place du nouveau gouvernement catalan, élu grâce à l'appui des centristes d'UCD et des nationalistes d'ERC le 8 mai 1980 :

"1°) Trias remarquait qu'en tenant compte du fait que le gouvernement de la Généralité n'était constitué que depuis quelques semaines, il lui semblait que le fait que l'une de ses premières tâches à mettre en œuvre soit la collecte d'impôts [n'était pas opportun] [...].

2°) Le deuxième, également très logique, était économique, car le *Conseller* tenait compte des grandes difficultés du moment.

> 3o) Trias Fargas était convaincu que, pour la Catalogne, il était préférable de disposer d'un système de financement qui, bien que dépendant de l'État, permettrait d'obtenir plus de ressources par la négociation." [Uriarte, 2015].

Ainsi, la politique opportuniste de la coalition CiU (négocier des conditions fiscales favorables contre un soutien des députés nationalistes aux Cortes à la politique du gouvernement) fonctionnera longtemps, jusqu'à ce que ce parti de centre-droit perde les élections parlementaires catalanes en 1999 et surtout en 2003. Il y avait donc un certain contentieux autour de la notion même d'autonomie, qui couvait depuis le tout début du régime constitutionnel espagnol. Ce contentieux prendra un tour beaucoup plus spectaculaire à partir de l'adoption de ce statut réformé en 2006, de son adoption par le Parlement espagnol la même année, déclenchant les recours auprès du TC de quatre-vingt-dix députés du Parti populaire.

Peuple ou nation catalane ?

Il serait vain de penser que les diverses interprétations de l'histoire catalane, du génie "génétique" ou culturel de ceux qui l'habitent, sont indifférentes à la double question de l'existence d'une nation ou de la possibilité d'un État. Le discours légitimant autoproduit comme les visions extérieures le questionnant justifient pour une bonne part la demande et la production d'un discours juridique qui vient à son tour légitimer et donner forme légale à ce qui pourrait sembler universellement juste puisque inscrit dans la Charte des Nations unies : le droit des peuples à disposer d'eux-mêmes. Or la difficulté tient au fait que la mention de l'existence d'un "peuple catalan" est absente du discours indépendantiste ; elle est subrogée à celle de nation. La mention de "peuple de Catalogne" apparaît bien plusieurs fois dans le texte le plus emblématique de la démarche légaliste d'accession à l'indépendance, texte proposé au vote le 8 septembre 2017 par le groupe *JuntsxSí** (coalition électorale regroupant le PDeCAT* et ERC*) et le groupe CUP*, mais on peut considérer qu'elle s'appuie moins sur une réalité que sur la nécessité rhétorique d'y faire mention dans un texte à caractère constitutionnel. D'où les variations constantes de l'effort des juristes indépendantistes pour légitimer leur choix en s'écartant du concept de droit des peuples à disposer d'eux-mêmes ou du droit à l'autodétermination des peuples, pour donner la préférence à celui de droit de décider, et finalement revenir à nouveau, après avoir rejeté son usage, au droit à l'autodétermination.

Pourquoi cette valse-hésitation ? Tout d'abord, même si la Charte des Nations unies affirme le droit des peuples à disposer d'eux-mêmes, la Résolution 1514 (XV) de l'Assemblée générale des Nations unies en date du 14 décembre 1960, destinée à accompagner la décolonisation en cours en Afrique, retient tout de même dans son article 6 que "toute tentative visant à détruire partiellement ou totalement l'unité nationale et l'intégrité territoriale d'un pays est incompatible avec les buts et les principes de la Charte des Nations unies." On peut donc dire qu'après avoir assumé la légalisation d'un choix légitime des Catalans à la sécession, la base jurisprudentielle du droit international de ce choix devenait improbable. C'est ce que rappelait Antonio Rumeu de Armas dans sa postface à l'ouvrage *España como nación*, édité par l'Académie royale d'histoire en 2000 :

> "Le principe d'autodétermination invoqué par certains mouvements nationalistes est justifié quand un peuple soumis à l'esclavage aspire à la liberté. Il ne l'est pas quand il sert de prétexte pour rompre des unités confirmées par une histoire commune multiséculaire. Une génération peut-elle s'arroger le droit de vouloir détruire ce qu'ont bâti de nombreuses générations au fil des siècles ?" [RUMEU in REAL ACADEMIA DE HISTORIA, 2000].

L'usage immodéré du droit de décider dans le bras de fer politique qui oppose les indépendantistes catalans à l'exécutif espagnol correspond à une tendance générale dans les processus constitutionnels des démocraties parlementaires, celle à donner aux droits civils une valeur impérative et politique, donc constitutionnelle, oubliant la mise en garde de Montesquieu : "Il est ridicule de prétendre décider des droits des royaumes, des nations & de l'univers, par les mêmes maximes sur lesquelles on décide entre particuliers d'un droit pour une gouttière, pour me servir de l'expression de Cicéron." [Montesquieu, 1748].

Existe-t-il donc un peuple catalan dépositaire de la souveraineté ? Sur ce point, le discours indépendantiste entretient le flou. Dans la résolution qui proposait une période de transition vers l'indépendance [Butlletí oficial del Parlament de Catalunya, 2017], le concept de peuple apparaît à quatre reprises comme entité manifeste disposant de la souveraineté, critère propre au langage constitutionnel classique, mais souvent conçu dans la proposition comme appartenant à une sorte de communauté universelle des peuples de la terre auxquels le texte est adressé. Dans une déclaration plus ancienne, datée du 30 avril 2011 et intitulée "Déclaration de la conférence nationale pour un État indépendant", acte fondateur de l'ANC, la mention *peuple* est curieusement absente. Comme si l'ambiguïté de sa racine latine (la différence entre le *populus*, la plèbe ou la *turba*) avait été éludée. Il est vrai que le lien que le concept de peuple entretient avec le principe de souveraineté a toujours posé problème dans l'histoire. Si l'on admet avec le philosophe Gérard Bras que "le peuple, dans sa multiplicité, est origine et fondement du pouvoir constituant de la nation" [Bras, 2018], pourquoi est-il le plus souvent absent du discours indépendantiste au profit de ce qu'il fonde ? Ou encore on peut penser que le *"We the People of the United States"* de la Constitution américaine ne serait pas valide dans la future

Catalogne indépendante, car elle la placerait devant un choix : dire qui en est et qui n'en est pas.

Le caractère même de l'existence d'un peuple catalan est moins facile à argumenter que celui d'une nation catalane. Dans le premier cas, il faudrait définir les critères constitutifs de ce peuple et donc des critères symétriques d'exclusion ; dans le second cas, ce sont des critères historiques et culturels, plus faciles à mettre en avant puisque manipulables, qui sont au fondement de la définition de cette nation. Ajoutons également que si l'objectif politique de l'indépendantisme est de gagner des "parts de marché" en Catalogne, autrement dit de poursuivre sa conquête de l'hégémonie, le moment serait malvenu de déployer des critères discriminants. La difficulté politique est réelle, difficulté reflétée par les trois articles (7, 8 et 9) de la proposition transitoire adoptée par la majorité indépendantiste, qui tentent de détailler qui est "origine et fondement" de la nation catalane, puisque le critère commun premier des constitutions est de définir le peuple souverain à partir de critères de nationalité qui sont devenus de plus en plus complexes et, par la force des choses, contraignants.

Le texte imite par la forme la plupart des constitutions contemporaines mais avec un luxe de détails qui, dans la plupart des cas, correspond à la loi ordinaire. Il définit trois voies d'accès à la nationalité : la nationalité d'origine, la nationalité "acquise" et la double nationalité. La première revient aux personnes de nationalité espagnole qui peuvent justifier d'une résidence permanente en Catalogne au moment de l'accession supposée à l'indépendance. Pour celles qui obtiendraient cette résidence après la création de la République catalane, la nationalité serait accordée après examen de leur demande. Pour les non-résidents espagnols, la condition serait d'être né en Catalogne et d'avoir résidé au moins cinq ans sur le territoire, d'être enfants d'un père ou d'une mère de nationalité catalane et enfin, d'être nés, après l'entrée en vigueur de la loi, sur le territoire catalan de parents étrangers s'ils sont sans nationalité (article 7). Acquérir la nationalité serait possible pour un étranger au bout de cinq années de résidence (article 8). Enfin, l'article 9 accorde, de *motu proprio* et avec une certaine candeur, la double nationalité pour les Espagnols devenus catalans avec la condition qu'un traité spécifique de double nationalité, à caractère bilatéral, soit négocié et signé avec l'Espagne [Butlletí oficial del Parlament de Catalunya, 2017]. Si cette proposition, qui fut votée par la courte majorité des parlementaires catalans (JxCat, erc et cup), semble conserver sa valeur de "loi généreuse", qui combine droit du sol et droit du sang, il n'en reste pas moins qu'elle ne tente pas de définir quel est le peuple qui devra se prononcer au moment du vote d'une nouvelle Constitution, pari impossible à définir dans le cas d'un vote de sécession, autrement dit dans un contexte de conflit avec "le reste de l'Espagne", expression utilisée par les nationalistes.

D'ailleurs, ce "reste d'Espagne", dont on sent bien qu'il est vu et présenté comme disparate, a été souvent nié comme entité nationale. En 1976, Xavier Arbós et Antoni Puigsec critiquaient la représentation et l'existence même d'une nation espagnole, la considérant comme une mystification. Ils la présentaient à la fois comme un artifice des États – faire référence à une "nation" comme source de souveraineté – et comme facteur forcé de cohésion, en usant de tous les moyens, éducatifs et répressifs. [Arbós, Puigsec, 1980]. Il est curieux de lire à quarante ans de distance le petit ouvrage de ces deux juristes passés par l'Institut catholique d'études sociales, car leur critique de la stratégie nationale des États pourrait pratiquement s'appliquer au séparatisme catalan et à son projet.

Dans la déclaration de fondation de l'anc, l'Assemblée nationale catalane, la notion de peuple apparaît en creux lorsque est dénoncé, dans sa partie accusatoire, "le processus de destruction économique et de génocide culturel" auquel se serait livré l'État espagnol depuis la censure effectuée par le Tribunal constitutionnel du statut réformé de 2006 dans sa décision du 28 juin 2010. Cette double accusation repose sur deux mythes. Le premier fait référence, dans l'usage international du concept de génocide culturel, à des réalités qui sont très éloignées de celles auxquelles il a été appliqué (par exemple, le génocide culturel des Amérindiens du Canada ou des Aborigènes australiens). Le second repose sur une lecture pour le moins étrange de l'évolution de la richesse dans cette partie de l'Espagne, puisqu'en 2016 le PIB de la Catalogne *per capita* était l'un des plus élevés d'Espagne (28 590 euros contre 25 000 euros pour l'Espagne, quatrième PIB après ceux de la communauté de Madrid, d'Euskadi et de Navarre), et que sa progression ne s'est jamais démentie tout au long des dernières décennies (sauf, comme dans toute l'Espagne, pendant les années de crise financière entre 2009 et 2013). Les chiffres n'indiquent pas de différence notoire avec l'évolution de la moyenne nationale espagnole et permettent même de voir s'afficher des taux de progression supérieurs en Catalogne. Dans cette déclaration, il est question des "habitants de la Catalogne", de sa "société civile", de son "opinion publique", de sa "population", d'une "communauté de langue, de culture et de droit" et de "traditions" – mais pas de peuple.

Ces catégories de discours, portées essentiellement par l'ANC et la myriade de relais présents sur les réseaux sociaux, ont contribué à développer un argumentaire anti-espagnol puissant, qui a trouvé un écho certain dans une frange de la population aux dispositions contraires : celle qui avait toujours été mue par des sentiments xénophobes ou anti-immigration et celle qui préférait se ranger derrière un discours victimaire d'opprimé en rébellion civile contre le monstre madrilène, les références au droit à la désobéissance civile ressurgissant avec force et se mêlant aux relents ethnicistes que nous évoquions plus haut. Il est impossible de recenser tous les éléments de langage utilisés mais, par exemple, quand il s'agissait d'inscrire les questions de la "destruction économique" ou du "génocide culturel" dans le droit fil des politiques centralistes des premiers Bourbons et du franquisme, on se retrouvait bien devant une opération relevant d'un concept que Walter Lippmann appelait la fabrique du consentement (*manufacturing consent*), menée ici par une élite catalane néoconservatrice qui a su coaguler des croyances divergentes dans leurs principes pour créer une situation de non-retour.

La multiplication des parallélismes entre le franquisme et le gouvernement du Parti populaire de Mariano Rajoy, la reprise outrancière des éléments de langage propres à l'antifranquisme, venaient donner au discours séparatiste une tonalité à la fois victimaire et légitimatrice de son action, une sorte de mise en scène de la répétition sans fin de l'oppression obsessive, séculaire et permanente exercée par les Espagnols depuis le XVIIIe siècle. Le professeur de droit constitutionnel Marc Carrillo de l'université Pompeu Fabra rappelait qu'affirmer que la Guerre civile avait été menée contre la seule Catalogne relevait de "l'obscénité historique et de la misère morale" en rappelant qu'il y avait eu des Catalans franquistes, des Catalans qui s'adaptèrent au régime de dictature en "oubliant leur identité au moins jusqu'en 1977", que d'autres tentèrent de survivre comme ils le purent et que certains résistèrent [Carrillo, 2016].

Cette permanente *reductio ad francorum* et la facilité avec laquelle on qualifie en Catalogne les opposants à l'indépendance d'"unionistes" (avec une référence à peine voilée aux unionistes irlandais), ou de "fascistes", même si l'on reconnaît les limites et les contradictions de ces éléments de langage, et qu'on les dénonce, leur effet est coagulant, surtout auprès de générations qui rêvent d'en découdre avec un passé fantasmé, qui ne fut pas le leur, où les bons sont signalés par un *yellow ribbon* qui vient ajouter encore à la confusion des genres.

Mais il existe un plafond de verre, une limite, qui devient de plus en plus visible et qui, précisément, bloque l'adhésion de cette partie du peuple de Catalogne qui n'adhère pas au processus d'indépendance : celle de la peur de l'exclusion. Les réactions négatives de ce peuple qui vit en Catalogne sont source d'étonnement pour les indépendantistes, pour preuve ce graphique produit par le Centre d'études de l'opinion, organisme dépendant de la Généralité qui corrobore ce que montrent les études combinées du rapport entre emploi occupé et maîtrise de la langue catalane : plus le niveau d'études est bas, plus le rejet de l'indépendance est élevé :

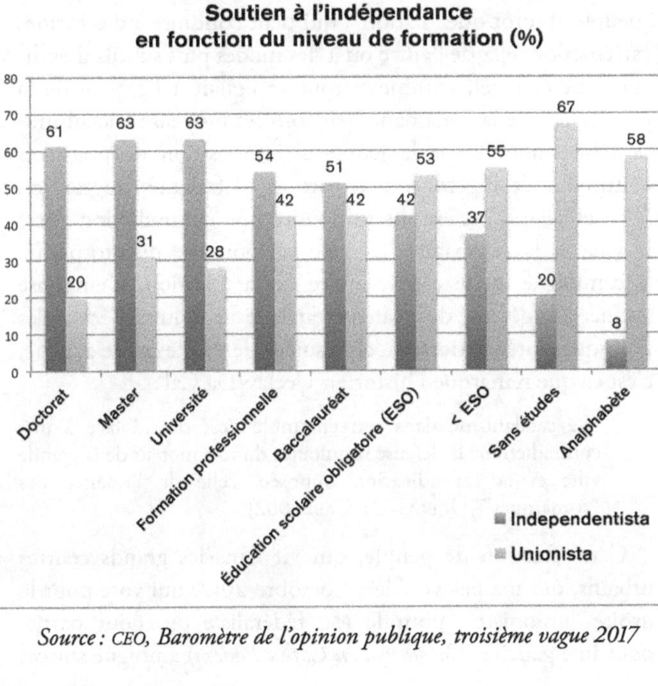

Source : CEO, *Baromètre de l'opinion publique, troisième vague 2017*

Dit sous une autre forme : il n'y a de soutien à l'indépendance que dans les groupes sociaux à fort niveau scolaire. Comme si les groupes sociaux qui constituent l'aile avancée de l'indépendantisme étaient les descendants des *prohomes i gent de bé* (grands hommes et gens de bien), cette bourgeoisie d'affaires et noblesse de robe qu'évoque Jaume Vicens Vives, qui d'une certaine manière ont porté l'esprit nationaliste :

> "Il n'y a pas de culture possible sans une minorité choisie qui en constitue l'ossature ; il n'y a pas de politique possible sans un groupe qui l'ait conçue et qui la mette en œuvre. Nous devons à la bourgeoisie médiévale la définition exacte de la Catalogne en tant qu'entité nationale" [Vicens Vives, 1960].

On comprend mieux peut-être cette incapacité à penser "peuple" plutôt que "nation", qui peut conduire à des formes extrêmes de rejet de l'autre ou à des modes plus subtils d'endiguement culturel, comme si tout se liguait à l'échelle de la planète contre la Catalogne, par tous les moyens : l'acculturation hispanophile de la jeunesse, l'imposition de pratiques culturelles étrangères ou encore la déferlante migratoire. "Penser peuple", c'est aussi résoudre une contradiction entre la ville et la campagne. La ville est porteuse de prospérité, la campagne est le conservatoire de la tradition. L'emphase donnée à la défense de la langue catalane a conduit à l'échec des politiques intégratrices, qu'elles soient de droite ou de gauche, c'est ce que remarque l'historien Ucelay-Da Cal :

> "Le catalanisme dans son ensemble s'est trouvé face à une contradiction : la défense simultanée du rôle moteur de la grande ville et la revendication opposée, celle de l'essence des "comarques" [Ucelay-Da Cal, 2002].

Cette fraction de peuple, qui vit dans les grands centres urbains, qui n'a pas voté le 1er octobre 2017, qui vote pour la droite "unioniste", pour le PSC fédéraliste ou, pour partie, pour une gauche (*Catalunya en Comú Podem*) ambiguë sur ces questions puisqu'elle place la question sociale comme prioritaire et se divise entre sensibilités indépendantistes, fédéralistes et unitaires, encombre et perturbe le discours des indépendantistes. En 2012, alors que la machine politique pour l'indépendance était encore balbutiante, les conseils municipaux qui y étaient favorables (le plus souvent situés dans les régions rurales) ont suivi une démarche symbolique, rappelant le mouvement cantonaliste de la période républicaine éphémère des années 1871-1873 en votant une déclaration municipale d'indépendance. La première déclaration de ce type provient d'un bourg de la comarque d'Osona, un bourg d'un peu moins de 3 000 habitants, Sant Pere de Torrelló. Comme les effets de la crise se font encore sentir, le discours est essentiellement économique mais il est intéressant de voir que la référence au peuple catalan y est présente au même titre que celle à la nation catalane :

> "La Catalogne doit préserver en tant que peuple ses traits nationaux, sa langue, sa culture, le legs de son histoire comme base de référence de l'accueil et du dialogue."

Naturellement, cette déclaration tient pour acquise l'existence d'un peuple "origine et fondement" de la nation catalane, mais sans en déterminer les critères. Depuis 2011, un nombre assez important de municipalités regroupées dans l'Association de communes pour l'indépendance (un peu moins de 200 sur les 948 que compte la Catalogne) a suivi la même voie, mais en gommant l'idée même de l'existence d'un peuple catalan, ou en inversant la charge de la preuve. Ces communes considèrent que sa négation est le fait de l'oppression espagnole qui nierait l'existence d'un peuple catalan, s'appuyant sur le seul peuple espagnol comme "origine et fondement de la Nation".

Les indépendantistes unilatéraux, qui ne souhaitent pas que les Espagnols se prononcent sur l'indépendance de la Catalogne, argumentent dans ce sens : c'est l'État espagnol et la majorité des Espagnols (dont ils nient l'existence en tant que peuple) qui refusent la qualité de peuple aux Catalans. C'est le cas du philosophe enseignant à Princeton, Jordi Graupera i Garcia-Milà, qui défend dans son blog éponyme un processus de sécession unilatéral comme un processus de défense des minorités opprimées :

> "Attendre que la majorité nationale espagnole accepte que la minorité nationale catalane soit un "peuple", c'est comme attendre que les hétérosexuels irlandais acceptent que les homosexuels irlandais aient le droit de se marier." [Graupera, 2016].

Naturellement, Jordi Graupera comme ceux qui soutiennent son point de vue oublient que cette reconnaissance se trouve dans le préambule de la Constitution de 1978 : "Protéger tous les Espagnols et peuples d'Espagne dans l'exercice des droits humains, leurs cultures et leurs traditions, langues et institutions."

Mais il est vrai que le texte constitutionnel indique aussi dans son article 2 que "La souveraineté nationale réside dans le peuple espagnol duquel émanent les pouvoirs de l'État." Ainsi, dans le texte constitutionnel, on trouve deux interprétations du concept de peuple. Tout d'abord le peuple est considéré comme *démos*, origine et fondement de la Nation espagnole ; ensuite apparaît la notion de "peuples d'Espagne", qui serait une référence à la multitude des citoyens et à leur diversité de cultures et de langues, autrement dit à un peuple à mi-chemin entre l'*ethnos* grec et les nations médiévales.

Une autre interprétation possible de l'hésitation à évoquer un peuple catalan est indiquée, ou plutôt suggérée, par la résolution du Tribunal constitutionnel de 2010. La résolution insistait sur le fait que la souveraineté nationale "ne pouvait être fragmentée" et, par voie de conséquence, que le peuple espagnol ne pouvait pas l'être non plus. Elle indiquait que cette fragmentation relevait d'une conception fédérative et non pas fédérale de l'État, si l'on pense à une fédération à l'américaine née de la réunion d'États à l'origine indépendants, processus que Jorge de Esteban définit comme processus d'intégration. Elle soulignait que les composantes individuelles du peuple souverain étaient les citoyens appartenant à une catégorie unique sans distinctions territoriales. Mais le texte concédait par la même occasion que l'utilisation du terme *nation* était conforme à la Constitution de 1978 "à cause de son caractère polysémique" et parce que son usage ne supposait pas de lui adjoindre la condition d'État.

De l'article 155 au retour à l'autonomie ?

Pour conclure, nous essaierons de comprendre ce moment inédit qui consista pour le pouvoir central à suspendre l'exercice des compétences qui reviennent au gouvernement de l'autonomie catalane en octobre 2017, avec l'aval du Sénat comme la loi y oblige. L'article de la Constitution auquel a correspondu cette décision est l'article 155, devenu certainement depuis l'article le plus célèbre de ce texte. En réalité, la décision du gouvernement central a été prise onze jours après la déclaration d'indépendance immédiatement suspendue par le président de la Généralité devant le Parlement catalan le 10 octobre. Dans son discours, Carles Puigdemont demandait au gouvernement central d'ouvrir des négociations, demande formalisée par un courrier daté du 16 octobre, adressé au chef du gouvernement, où l'essentiel consistait à dénoncer la répression subie et les entraves à la reconnaissance du bien-fondé des résultats du référendum du 1er octobre. Somme toute, il demandait à ouvrir une négociation bilatérale entre gouvernements égaux en droit visant à trouver des voies légales pour entamer le processus d'accession à l'indépendance de la Catalogne.

La réponse fut la mise en route de cet article le 21 octobre, mesure inédite puisque jamais appliquée depuis que la Constitution existe. Le document émanant de la présidence du Conseil détaillait l'objet de cet article et sa décision dans un arrêté d'une vingtaine de pages en rappelant une sentence jurisprudentielle du Conseil constitutionnel de 2014 qui précisait que cet article était assimilable à un critère de dernier recours de l'État face à une situation de "non-respect, manifeste et contumace, délibérée ou négligente, d'une communauté autonome donnée" qui n'aurait pas adopté de son propre chef ou à la demande de l'État les mesures nécessaires pour corriger sa position. D'autres références jurisprudentielles sont citées, des renvois à d'autres Constitutions sont donnés, afin de montrer que cette procédure est liée à l'État de droit démocratique (article 37 de la Loi fédérale allemande, article 52 de la Constitution suisse, article 100 de la Constitution autrichienne, 126 de la Constitution italienne, 238 de la Constitution portugaise et 4.4 de la Constitution américaine). Enfin, le texte insiste sur le caractère extraordinaire de la mesure, aussi extraordinaire que la non-application par la communauté autonome de ses obligations constitutionnelles.

L'article 155 et son interprétation par le gouvernement espagnol ne conduisent pas à la dérogation des principes d'autonomie et de distribution des compétences, ils l'autorisent à les exercer en suspendant les prérogatives de contrôle du Parlement catalan, tout en lui laissant la capacité législative dans l'ordre de compétences qui est le sien à condition que ces dernières soient exercées dans le respect de l'arrêté et en accord avec l'autorité déléguée (le 27 octobre 2017, le gouvernement nommera à cette fonction sa vice-présidente, Soraya Sáenz de Santamaría). Cette situation devait prendre fin au moment de "la prise de possession du nouveau gouvernement de la Généralité, résultant de la tenue de nouvelles élections au Parlement de Catalogne". Comme Carles Puigdemont avait renoncé à convoquer de nouvelles élections après en avoir annoncé la tenue pour le 20 décembre, les élections furent convoquées pour le 21 décembre par le gouvernement central, avec un résultat qui ne tranchait pas sur le fond, renouvelant presque à l'identique le spectre électoral de la législature antérieure, mais rendait la question encore plus complexe, puisque entre-temps un certain nombre d'élus, poursuivis par la justice pour rébellion ou malversation de fonds publics, avaient été arrêtés ou s'étaient réfugiés à l'étranger.

Ces derniers mois ont montré à quel point la situation était bloquée. La majorité indépendantiste s'est présentée désunie, ERC faisant cavalier seul. Ces divisions et les actions ouvertes en justice par les juges du TS empêchent cette majorité, qui a toujours besoin de l'appoint électoral de la CUP, de pouvoir désigner un exécutif, prolongeant ainsi les effets de l'application de l'article 155. Or les délais pour l'élection d'un nouvel exécutif sont précis : l'article 67 du statut de la Catalogne précise que le Parlement élit le président de la Généralité en assemblée plénière, et que si dans un délai de deux mois après le premier vote, aucun candidat n'est élu, le Parlement est dissous et le président en fonction convoque immédiatement de nouvelles élections, lesquelles doivent se dérouler dans un délai de quarante à soixante jours.

La première réunion du Parlement s'est tenue le 6 février sans vote d'investiture, par manque d'accord entre les trois groupes indépendantistes sur une candidature commune. Il fallait donc que l'élection ait lieu avant le 6 avril. Un vote, après de difficiles accords entre indépendantistes, s'est déroulé le 23 mars avec la seule candidature de Jordi Turull, du PDeCAT, afin, au moins, de proroger le délai de deux mois. Ce vote n'a pas permis à ce candidat d'être élu (64 voix obtenues sur les 68 requises) faute d'accord de dernière minute avec la CUP qui s'est abstenue, afin d'affirmer son soutien à une candidature renouvelée de Carles Puigdemont.

Il semble donc que, pour pouvoir enfin désigner un exécutif catalan, les membres du Parlement partis à l'étranger puissent déléguer leur vote ou qu'ils abandonnent leur mandat pour laisser siéger le suivant de liste (procédure habituelle des élections à la proportionnelle) et que la candidature de Carles Puigdemont puisse se faire par visioconférence. Ces modifications du règlement du Parlement nécessitent une réforme puisque le texte en vigueur ne les prévoit pas. Or le gouvernement central a rappelé que l'application de l'article 155 n'autorisait pas le Parlement à prendre de telles décisions sans l'autorisation de la tutelle désignée, qui disposerait alors d'un délai de trente jours pour faire connaître sa position (point D.4 de l'arrêté).

Un petit pas a été franchi par l'autorisation donnée aux députés élus mais en exil, Puigdemont et Comín, de déléguer leur vote. Mais le refus d'une candidature par visioconférence interdirait à Carles Puigdemont de se présenter, la majorité étant donc devant l'obligation de trouver un candidat sans charge judiciaire et agréé par la CUP, ce qui permettrait de choisir un exécutif nouveau, apte à ouvrir une négociation avec le gouvernement espagnol, souhait qui semble gagner du terrain dans l'opinion.

À l'évidence, tous les acteurs de cette tragi-comédie jouent la montre, puisque ni les indépendantistes du PDeCAT* ni le PP* ne souhaitent que de nouvelles élections aient lieu. Un sondage du Centre d'études de l'opinion daté du 23 février dernier montre que l'indépendantisme a perdu une bonne partie de l'appui des Catalans, mais également que le Parti populaire verrait consacrée sa marginalisation en Catalogne avec des effets probables sur sa fragile position politique à l'échelle espagnole. Il est clair aussi que les affaires multiples de corruption, d'abus de biens publics et de fraude fiscale touchent le Parti populaire et le PDeCAT. Aux affaires Gürtel et Púnica, pour ne citer que

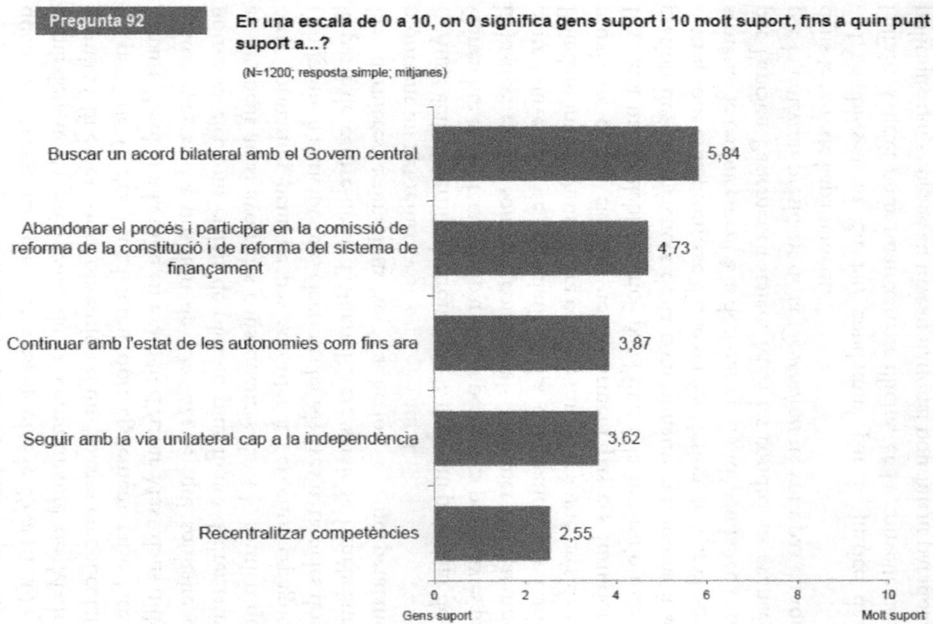

Source : CEO, *Enquête sur le contexte politique en Catalogne.*

les plus connues parmi la soixantaine d'enquêtes qui impliquent son personnel politique, s'est ajoutée le 25 avril 2018 la démission de la présidente de la communauté de Madrid Camila Cifuentes pour l'obtention d'un “master en chocolat”. Le parti de Carles Puigdemont doit également faire face à l'affaire Pujol et à la mise en examen d'Artur Mas* dans différentes affaires. La position de *Ciudadanos*, qui souhaite de nouvelles élections et fait de plus en plus figure d'alternative au PP, peut aussi avoir des conséquences dans le soutien que cette formation peut ne pas accorder à l'exécutif espagnol, l'obligeant à anticiper des élections législatives nationales dont le parti de centre-droit d'Albert Rivera serait le bénéficiaire. Les dernières estimations sur l'adhésion à l'indépendance montrent un net reflux (voir page suivante).

Aussi était-il permis de croire que le nouveau président de la Généralité élu ne ferait pas partie des personnes poursuivies par la justice, et que son rôle consisterait à donner des garanties pour l'ouverture de négociations. La désignation par Carles Puigdemont de Quim Torra comme candidat à une présidence provisoire et son élection ne confirment pas ces intuitions. Il y aura un préalable avancé par l'État à la restitution de la gestion des compétences de la communauté autonome à ses institutions et la promesse d'une renégociation de leur élargissement : le renoncement à la déclaration d'indépendance votée par l'ancien Parlement catalan. Mais les conditions avancées par le nouveau président de la *Generalitat* ne vont pas du tout dans le sens de l'apaisement.

L'affaiblissement du PP, condamné par la justice dans l'affaire Gürtel pour financement illicite, et la nouvelle crise politique qui s'engage au niveau national pourraient paradoxalement offrir des amorces de solution. Cela prendra du temps, mais moins de temps que la réparation des fractures “familiales, sociales”, car le ressentiment est un feu qui couve sous la cendre.

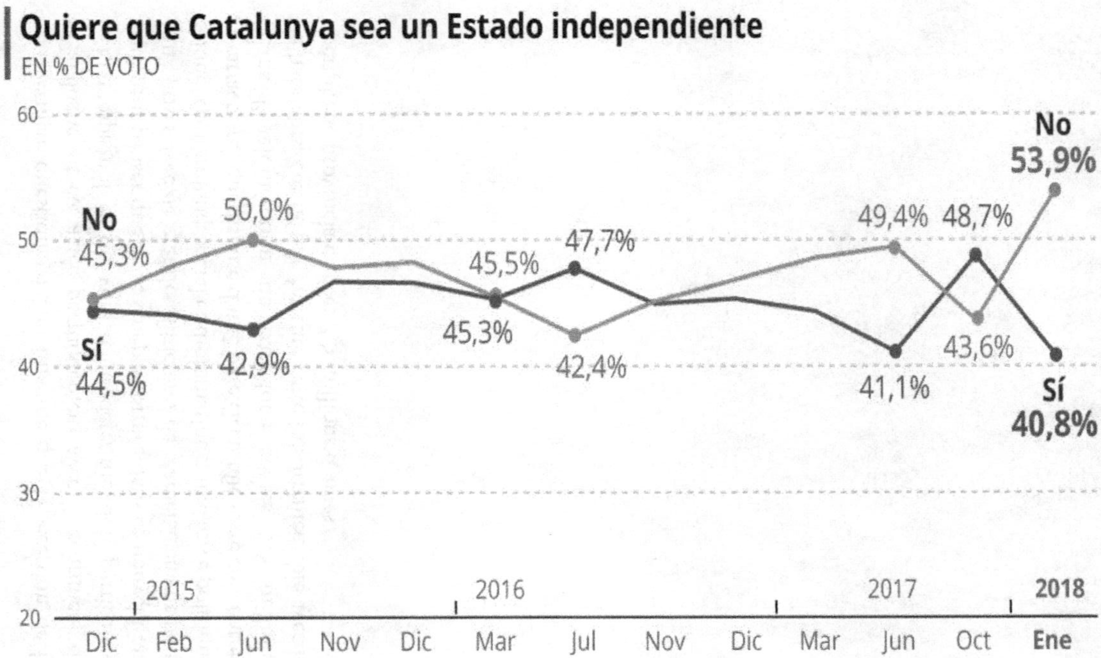

Source : CEO, *elperiodico.es*

Dernière question : si l'on imagine que la sécession de la Catalogne ait été actée pacifiquement avec l'assentiment de l'État espagnol et un vote d'autodétermination particulier, qui peut penser que ne se sera pas formée dans ce nouvel État, aux prises avec de grandes difficultés de réaménagement politique, économique, social et diplomatique, une force politique "rattachiste" qui dispose d'une base électorale forte concentrée dans l'agglomération de Barcelone et ses 5,5 millions d'habitants, créant une fracture cette fois irrémédiable avec la périphérie provinciale et ses 2,5 millions d'âmes ?

GÉOPOLITIQUE DE L'INDÉPENDANTISME CATALAN

La Catalogne vit un conflit géopolitique au sens où un même territoire, celui d'une communauté autonome d'Espagne de 7,5 millions d'habitants, fait l'objet de revendications et de représentations contradictoires parmi les acteurs du conflit. Cette rivalité se joue sur plusieurs échelles à la fois, et touche un territoire historiquement européiste, dans un État, l'Espagne, dont les citoyens ont dû lutter pour être pleinement reconnus comme Européens après la sinistre période franquiste. De surcroît, la Catalogne joua un rôle de pionnier et de modèle dans l'implication des régions dans la construction européenne. La crise qu'elle vit nous éclaire donc sur le fonctionnement de l'Union européenne dans son ensemble. L'histoire et le droit étudiés dans les deux premières parties sont constamment mobilisés par les différents acteurs de cette rivalité. C'est pourquoi ces deux disciplines sont d'un grand secours pour aborder l'indépendantisme et l'opposition croissante à celui-ci sous un angle géopolitique.

L'IRRUPTION DE LA QUESTION NATIONALE, 2010-2012

De 2010 à 2012, la vie politique catalane a pris un tour radicalement nouveau, élevant une aspiration discrète et minoritaire à l'indépendance au rang de destin historique d'un peuple. Étudions les conditions de ce changement et ses premières conséquences.

Un engagement précoce dans la construction européenne

Rappelons que la Catalogne est historiquement européiste ; que la démocratie espagnole, l'autonomie catalane et l'adhésion à la CEE furent trois aspirations indissociables dans la résistance catalane au franquisme ; que la Catalogne, toutes tendances politiques confondues, créa dès 1982 à Barcelone un organisme destiné à représenter ses intérêts en Europe, et que celui-ci fut installé à Bruxelles dès l'adhésion de l'Espagne en 1986. La Catalogne fut également avec le Pays basque et les Canaries l'une des premières communautés autonomes à demander à Madrid des compétences auprès des institutions européennes. Depuis 1986, la présence catalane à Bruxelles s'est sans cesse institutionnalisée [Trépier, 2013]. C'est la seule des treize délégations catalanes à l'étranger que le gouvernement central n'a pas fermée dans le cadre de l'article 155, bien que le délégué de la *Generalitat** auprès de l'UE, Amadeu

Altafaj, nommé en 2015, ait été démis par le décret royal du 27 octobre 2017.

Ainsi, dans "l'unique pays carolingien d'Espagne" selon l'ancien président catalan Jordi Pujol [v. Documents], les partisans d'une indépendance ne la conçoivent traditionnellement que dans l'UE, premier cadre institutionnel au-delà de l'Espagne dans lequel projeter cet État. Des années durant, les dirigeants nationalistes ont soutenu qu'une Catalogne indépendante pourrait sans difficulté devenir membre de l'UE sans devoir suivre la longue et incertaine procédure d'adhésion.

Mais si la Catalogne est devenue une référence de l'action des régions européennes à Bruxelles, contribuant à créer entre autres le Comité des régions en 1994 et l'Association des régions à compétence législative (REGLEG) en 2000, ce fut en respectant scrupuleusement l'esprit de Bruxelles, c'est-à-dire sans dire un mot d'indépendance jusqu'à fin 2012, et en laissant en Espagne ses conflits avec le gouvernement central ou avec d'autres communautés autonomes. Cette confrontation à trois têtes existe de longue date à Bruxelles, mais surtout au Parlement européen, source de visibilité médiatique, et parfois dans les rues du Quartier européen de Bruxelles.

Cette conduite institutionnelle lui permit de collaborer efficacement, bien que dans certaines limites, avec les seize autres régions d'Espagne, et contribua à donner à la Catalogne une visibilité et une influence que toutes les régions européennes au poids économique et aux compétences comparables n'avaient pas. C'est pourquoi, jusqu'à la fin 2012, les présidents catalans successifs ont pu rencontrer sans difficulté les plus hauts dirigeants de l'Union européenne.

Une année 2010 marquée par la crise

L'année 2010 présente le plus grand intérêt pour comprendre l'état actuel de la crise catalane. Restituons-en le contexte à grands traits. La crise financière et sociale frappe très durement l'Espagne depuis 2008, entraînant une forte hausse du chômage, passé entre 2007 et 2013 de 8 % à 26 % des actifs, des centaines de milliers de procédures d'expulsion pour défaut de paiement et un accroissement des inégalités. La pauvreté touche plus de 20 % des familles d'Espagne au summum de la récession. José Luis Rodríguez Zapatero, président socialiste espagnol réélu en 2008, nie encore l'étendue de cette crise. Mais, sous la pression de ses partenaires européens, il lance à l'échelle de l'Espagne de premières mesures d'austérité en mai 2010 : un paquet de mesures approuvées par décret-loi et incluant une baisse de 5 % des salaires de la fonction publique vise à ramener le déficit public de 11 % en 2009 à 3 % en 2013.

L'indépendance encore hors de portée

En Catalogne, qui n'est pas épargnée par cette crise, gouverne encore une coalition tripartie de gauche incluant socialistes, indépendantistes, et verts. En janvier 2010 paraît le roman *Crònica de la independència* de Patricia Gabancho. L'action débute en 2037, trente ans après une sécession catalane obtenue non par référendum, mais par une déclaration unilatérale. Bref, l'indépendance gagne alors des adeptes en Catalogne, mais comme fiction, défendue non par son contenu, mais par rejet de l'Espagne.

Le nouveau statut d'autonomie catalan, approuvé par référendum en Catalogne en juin 2006 – avec 73,9 % de "oui", mais seulement 48,9 % de participation – s'applique en partie depuis quatre ans. Mais, malgré les modifications par le Parlement catalan puis le Congrès des députés de Madrid d'un projet initial très polémique, ce texte a été attaqué devant le Tribunal constitutionnel par le Parti populaire, le Défenseur du peuple, mais aussi par plusieurs autres des dix-sept communautés autonomes d'Espagne de droite et de gauche. Paralysé par des conflits internes, le Tribunal constitutionnel met quatre ans à statuer sur le recours du PP* contre le nouveau statut catalan. Le 28 juin 2010, l'arrêt tombe. Il invalide 14 articles clés des 223 que compte le texte, et en réinterprète 27 autres. Au lendemain de la publication de l'arrêt, une très grande manifestation a lieu le 10 juillet 2010 à Barcelone sous le slogan *"Som una nació, nosaltres decidim"* ("Nous sommes une nation, nous décidons").

Que, ce jour-là, la colère envers l'arrêt du Tribunal constitutionnel dépasse les rangs des nationalistes catalans est indéniable, et que la volonté d'indépendance s'exprime parmi les manifestants également. Bien d'autres confrontations entre des institutions catalanes, gouvernement de la *Generalitat* et Parlement en tête, et Tribunal constitutionnel, suivront. On peut ajouter qu'en 2010, le concept du "droit de décider", soit la possibilité pour les seuls Catalans, à l'exclusion des autres Espagnols, de choisir leur avenir institutionnel, se diffuse alors depuis au moins cinq ans dans la vie politique catalane. Il remplace le thème du droit à l'autodétermination, que le droit international réserve aux pays colonisés ou aux victimes de discriminations ethniques.

Reste que le message indépendantiste ne domine pas encore le cortège barcelonais du 10 juillet 2010, et que la certitude de voir la Catalogne obtenir bientôt un État n'est pas encore sensible. Un parti catalan, ERC*, a introduit l'indépendance dans ses statuts dès 1992, et se présente à ce titre à chaque élection ; il gouverne en coalition la Catalogne depuis fin 2003. Mais aucune campagne avant 2012 ne porte sur ce point, qui ne suffit donc pas à se faire élire. Au-delà, cette aspiration coexiste avec bien d'autres dans une pluralité de partis politiques catalans, nationalistes ou non [Trépier, 2016].

La fédération nationaliste de centre-droit CiU (Convergence et Union) compte, bien sûr, des partisans d'une sécession, dont le futur président Carles Puigdemont*, mais parmi de multiples sensibilités. Jordi Pujol*, fondateur de CiU, a gouverné la Catalogne de 1980 à 2003, soutenant chaque gouvernement espagnol, quelle qu'en soit la couleur politique, contre de nouvelles compétences pour la communauté autonome, et rejetant publiquement toute idée d'indépendance. Logiquement, la première force politique catalane qu'est alors CiU choisit un tout autre thème que l'indépendance pour sa campagne des élections de 2010 au Parlement régional : le pacte fiscal.

Cette revendication réitérée à de multiples reprises consisterait, pour la Catalogne (7,5 millions d'habitants), à prélever elle-même tous les impôts versés par ses citoyens, et non plus certains d'entre eux. Seules les provinces du Pays basque et la communauté autonome de Navarre (2,8 millions d'habitants en tout) possèdent cette autonomie fiscale complète conformément à la Constitution de 1978. Avec ce positionnement classique et son image rassurante de parti proche des entreprises, CiU revient au pouvoir en Catalogne fin 2010, et, après les élections municipales et locales de mai 2011, concentre plus de pouvoir que jamais avec les mairies des capitales provinciales Barcelone, Gérone et Tarragone, et la présidence des quatre provinces catalanes. Aucune force politique catalane n'est aussi fortement implantée, et 2010 marque le dernier scrutin normal au Parlement régional. Tentons de résumer ce qui change dans les deux années suivantes.

L'austérité à la catalane

Le nouveau président catalan, Artur Mas*, leader de CiU, applique dès son arrivée au pouvoir un programme d'austérité à l'échelle de la communauté autonome, un an avant que Mariano Rajoy ne fasse de même à l'échelle de l'Espagne. Ce programme comprend des suppressions de postes de cadres supérieurs de l'administration, la fin du treizième mois pour les fonctionnaires, plusieurs privatisations, et surtout, des coupes budgétaires dans l'enseignement et la santé. Dans ces deux domaines de compétence des communautés autonomes d'Espagne, les effectifs sont décimés, avec une heure de cours supprimée à l'école primaire publique et des blocs opératoires fermés. En tout, les coupes budgétaires catalanes d'Artur Mas atteignent 6 milliards d'euros.

Si le phénomène touche toute l'Espagne, le mouvement des Indignés de 2011 prend une dimension particulière en Catalogne, car ce mouvement, rejetant l'austérité et l'ensemble des grands partis d'Espagne, dont les grands partis catalans, présentait la particularité d'interdire tout drapeau, qu'il soit espagnol ou catalan. Ce choix, qui soulignait les difficultés communes à tous les citoyens espagnols, fut vertement critiqué par certains dirigeants nationalistes catalans, pour qui tout mouvement n'arborant aucun symbole catalan était réputé favorable à l'Espagne contre la Catalogne. Pire, c'est le gouvernement catalan de l'époque, dirigé par Artur Mas, qui envoya la police autonome catalane des *Mossos d'Esquadra* pour déloger les Indignés, et justifia ensuite ce recours à la force. Les violences policières qui en résultèrent en 2011 furent si comparables à celles de la police espagnole du 1er octobre 2017 contre le référendum que les images des deux événements furent opportunément mélangées sur les réseaux sociaux pour imputer les deux aux forces de sécurité espagnoles.

L'austérité catalane devait, selon Artur Mas, épargner aux Catalans l'austérité du gouvernement central. Mais elle ne fit que la précéder. Avant même l'arrivée au pouvoir de Mariano Rajoy fin 2011, l'Espagne fut en septembre le premier pays de la zone euro à adopter la "règle d'or" de stabilité budgétaire. Sa Constitution n'avait été réformée qu'une fois, en 1992, pour permettre aux ressortissants communautaires de voter aux élections municipales en Espagne, et aux Espagnols vivant dans d'autres pays de l'UE d'y voter. Cette première réforme résulta d'un ample débat parlementaire, la seconde fut accordée en un temps record et en catimini par le PSOE* et le PP*, sans l'appui traditionnel des nationalistes modérés basques et catalans.

L'austérité selon Mariano Rajoy

Fort d'une majorité absolue pour son premier mandat, le président PP Mariano Rajoy lance un plan d'austérité beaucoup plus dur que son prédécesseur : il élève les impôts, réduit très fortement les dépenses publiques, et gèle les salaires des fonctionnaires ainsi que le salaire minimum interprofessionnel, déjà le plus bas de l'Union européenne. L'ensemble atteint 16,5 milliards d'euros d'économie pour la seule année 2012. Simultanément, le président conservateur réforme le marché du travail en facilitant les licenciements, modifie les pensions en élevant à 67 ans l'âge légal de départ à la retraite, et coupe de 22 % le budget de l'éducation et de 7 % celui de la santé.

Mais faute d'avoir rassuré les marchés financiers et fait baisser la prime de risque espagnole, Mariano Rajoy a dû demander l'aide de ses partenaires européens, en particulier pour assainir son système bancaire. Ainsi, contre un prêt de 100 milliards d'euros du Mécanisme européen de stabilité, certaines compétences du ministère espagnol de l'Économie sont transférées à la Banque d'Espagne, elle-même placée sous la tutelle de la Banque centrale européenne [Morata, 2013]. Dans ce même contexte de sauvetage sous condition de l'Espagne, Mariano Rajoy accroît encore l'austérité : il annonce le 11 juillet 2012 – un mois avant une fête nationale catalane déterminante – un nouvel ajustement de 65 milliards d'euros sur deux ans, et plusieurs mesures chocs dans divers domaines, dont la hausse de la tva de 18 % à 21 % et de la tva réduite de 8 % à 10 %, la baisse des allocations-chômage, la suppression d'incitations à l'embauche et de réductions fiscales sur le logement. Ces nouvelles mesures ne suffisent pourtant pas à ramener le déficit public sous les 3 % visés, d'où un budget 2013 tout aussi sévère et de vastes protestations sociales dans toute l'Espagne.

D'emblée, il importe de comprendre qu'en Catalogne ou dans le reste de l'Espagne, on peut critiquer vertement Mariano Rajoy sans pour autant soutenir le principe d'une indépendance catalane. Au total, entre 2008 et 2014, l'Espagne aurait réduit ses dépenses publiques de 150 milliards d'euros. Dans une Catalogne où les nationalistes, *a fortiori* les partisans d'une sécession, ont toujours recherché un dialogue direct avec les responsables européens, il faut mesurer l'impact interne de ces mesures et plus encore du fait qu'elles n'aient pas suffi à rassurer pleinement les partenaires de l'Espagne dans l'ue.

Les nombreux manifestants du 11 septembre 2012 à Barcelone pour la fête nationale catalane réagissaient donc aux mesures d'austérité de Barcelone et de Madrid, puisqu'ils subissaient les deux à la fois. Or, ni à l'échelle de la Catalogne ni à l'échelle de l'Espagne, ces citoyens n'avaient la garantie que leurs efforts drastiques suffiraient à sortir le territoire de l'ornière. Mais le succès de cette manifestation, qui surprit jusqu'à ses organisateurs, résulte d'autres facteurs internes et externes.

L’émulation basque

Parmi les premiers figure l’évolution qu’amorce à l’époque l’indépendantisme basque. Car l’Espagne se singularise entre autres par l’existence en son sein de trois mouvements sécessionnistes, l’un en Catalogne, bien sûr, mais aussi au Pays basque et en Navarre, et en moindre mesure en Galice. Chacun a son histoire, déploie des stratégies complexes et fluctuantes pour peser sur la vie démocratique espagnole, et réagit aux progrès et revers de ses homologues espagnols et européens. On observe donc entre eux une émulation. Chacun a également exercé le pouvoir régional : le Parti nationaliste basque (PNV), créé en 1895, a gouverné la communauté autonome de 1980 à 2009, puis repris sa présidence en 2012, et les indépendantistes galiciens du BNG ont gouverné le territoire en coalition avec les socialistes de 2005 à 2009.

Alors que le nationalisme catalan s’était historiquement démarqué du versant violent de l’indépendantisme basque – aucune des tentatives d’action armée pour un État catalan n’y a reçu le moindre soutien populaire –, l’ETA annonce le 20 octobre 2011 la fin de son action armée. C’est un bouleversement, l’organisation terroriste basque ayant assassiné plus de 800 personnes, dont 43 avant la mort de Franco et 814 après celle-ci. Loin de clore le mouvement pour un État basque, cette annonce ouvre la possibilité d’un défi indépendantiste de la même ampleur qu’en Catalogne. Depuis 2011, les formations nationalistes basques additionnent les succès électoraux, et le PNV, une formation de centre-droit s’étant bâti une image de parti de gouvernement et de gestion, s’apprête à l’automne 2012 à reprendre la présidence du Pays basque. Il laisse la gauche indépendantiste revendiquer ouvertement un État, sans y renoncer définitivement.

Début 2005, Juan José Ibarretxe, alors président PNV de la communauté autonome, créa une forte tension en Espagne en proposant au gouvernement central un statut de "libre association" du Pays basque à l'Espagne. Le texte, voté fin 2004 par le Parlement basque, affirmait le droit du peuple basque à l'autodétermination. Le PNV n'a pas renouvelé cette démarche, mais s'appuie sur la réussite économique du territoire, illustrée en particulier par la prospérité de Bilbao, et préside également la Navarre depuis 1996, où il s'emploie à étendre l'usage de la langue basque, notamment dans l'enseignement. La succession de ces événements politiques n'a pas manqué de créer l'émulation parmi les indépendantistes catalans. La réciproque est vraie depuis qu'en 2012, l'accession à un État catalan est devenue un projet officiel du gouvernement régional. Mais n'allons pas trop vite. Les sources de la mobilisation du 11 septembre 2012 en Catalogne sont aussi à chercher en Écosse.

Les progrès du SNP écossais

En effet, dès 2007, le *Scottish National Party* (SNP) a eu de quoi susciter l'enthousiasme catalan. Ce parti ouvertement indépendantiste, de gauche, accédait seul et pour la première fois de son histoire au pouvoir régional dans un pays membre de l'Union européenne, avec un discours centré sur l'économie. En outre, il a reçu le soutien public et explicite de grands dirigeants patronaux, dont George Mathewson, qui jusqu'à 2006 présidait la Royal Bank of Scotland, cinquième banque au niveau mondial. Il faut mesurer l'événement à l'aune du prestige de cette institution financière avant la crise, et de la réserve traditionnelle des patrons catalans sur les sujets politiques. Le SNP reçoit également entre autres, une donation de 500 000 livres sterling du grand patron d'une entreprise de transport, Brian Souter. Spécialiste du SNP, Peter Lynch soulignait cependant en 2008 que les sentiments nationalistes de George Mathewson étaient connus de longue date.

> "Reste à déterminer, remarquait-il, si les patrons qui ont soutenu le SNP l'ont fait pour soutenir l'indépendance, ou plutôt pour soutenir l'action possible du SNP à la tête d'une Écosse qui resterait dans le Royaume-Uni."

Par la suite, le SNP montre sa capacité à gouverner seul. Son projet de référendum en 2010 annulé à cause de la crise devient le cœur de la campagne du SNP pour les élections régionales de 2011 [CAMP-PIÉTRAIN, 2014]. Alex Salmond, leader du SNP, obtient une confortable majorité en sièges au Parlement régional. Le 11 septembre 2012, la question et les modalités du référendum restent à fixer, puisque l'accord d'Édimbourg entre Alex Salmond et David Cameron n'intervient que le 14 octobre 2012. Mais les négociations ont commencé, et son principe est acquis. Il est donc aisé, dès ce moment-là, en Catalogne et ailleurs, de reprocher à Mariano Rajoy de refuser aux Catalans un référendum contraignant que David Cameron semble prêt à accorder aux Écossais. C'est oublier que, contrairement à l'Espagne, le Royaume-Uni ne possède pas de Constitution écrite. Chez les partisans convaincus d'une indépendance catalane, plusieurs facteurs convergent donc pour se mobiliser le 11 septembre 2012.

Le tournant du 11 septembre 2012

Avec 1,5 million de participants pour l'indépendance dans les rues de Barcelone, la manifestation annuelle du 11 septembre 2012 pour la fête nationale catalane crée l'événement. Chaque année, lors de la *"Diada*"*, cette communauté autonome de 7,5 millions d'habitants commémore la chute de Barcelone devant les armées de Philippe V de Bourbon en 1714 et son corollaire, la perte des institutions de gouvernement catalanes.

Au-delà de la simple mauvaise humeur des habitants d'une région riche lassée de payer pour des régions moins prospères, s'exprime la représentation d'avoir été précédemment un État. L'ampleur de ce rassemblement et l'unanimité sur l'indépendance surprennent. Sans créer l'indépendantisme, la crise de 2008 l'amplifie.

Dans les rangs de CiU, revenue au pouvoir en Catalogne en 2010 avec Artur Mas, la volonté de sécession coexiste depuis l'origine avec d'autres sensibilités, et s'étend. Signe de sa position de force en Catalogne, l'ancien président catalan de 1980 à 2003, Jordi Pujol, s'est prononcé en avril 2011 pour l'indépendance après avoir toujours prôné publiquement la modération. Il marche en tête du cortège du 11 septembre 2012. Au-delà, entre l'ensemble des partis politiques catalans représentés au Parlement, l'appui à l'indépendance transcende largement les frontières qui les séparent. En témoigne la présence le 11 septembre 2012 de personnalités du Parti des socialistes de Catalogne, un parti catalan fédéré au PSOE espagnol. Enfin, les défenseurs de la sécession catalane emploient bien d'autres relais que ceux des partis pour défendre leur cause. Un fossé profond sépare citoyens et partis politiques en Catalogne comme dans toute l'Espagne. Une kyrielle d'associations diffusent ainsi le message indépendantiste, et ont appelé à manifester le 11 septembre 2012. Les grands syndicats de Catalogne ont fait de même.

Dans ce contexte où l'aspiration à l'indépendance gagne constamment en visibilité, la crise nourrit un sentiment d'impasse chez les citoyens, bien au-delà des partisans de longue date de la sécession. Alors communauté autonome la plus endettée d'Espagne avec l'équivalent de 22 % du PIB, la Catalogne est soumise comme les autres administrations au contrôle du gouvernement central sur ses finances publiques selon un arsenal législatif calqué sur le dispositif européen de contrôle du déficit dans la zone euro, et assorti de sanctions.

En outre, à l'été 2012, le gouvernement régional catalan demande 5 milliards d'euros d'aide à l'État. Or, la réalisation de l'objectif de 1,5 % de déficit pour 2012 assigné par Madrid à toutes les régions reste aléatoire. Certes, les dirigeants catalans ont affirmé que la communauté autonome ne demandait qu'une partie de sa contribution au fonctionnement de l'Espagne. Mais ces discours n'empêcheront pas Madrid d'accentuer en retour le contrôle des finances catalanes.

Enfin, les efforts des gouvernements catalans successifs pour donner au territoire une personnalité économique propre semblent anéantis par les mauvaises notations des grandes agences et la fermeture des marchés à la Catalogne et un temps, à l'Espagne elle-même. Quel meilleur contexte pour des dirigeants indépendantistes qui répètent à l'envi qu'une Catalogne indépendante ne peut qu'aller mieux qu'une Catalogne en l'Espagne ?

Or, l'indépendance demeure principalement défendue par défaut, car ni l'échéance, ni les modalités de l'indépendance (référendum d'autodétermination ou bien déclaration unilatérale du Parlement), ni le projet de société une fois la sécession effectuée ne font encore consensus chez ses partisans. Mais l'affluence à la manifestation du 11 septembre 2012 le prouve : des citoyens aux représentations différentes de l'indépendance peuvent soutenir ensemble un projet flou.

Au-delà de l'Espagne, les manifestants visent aussi l'Union européenne sous le slogan : *"Catalonia next state of Europe"*. En effet, pas un des partisans de l'indépendance catalane ne la conçoit hors de l'UE. Or, en cette période de crise, les partenaires européens de l'Espagne citent surtout la Catalogne et d'autres régions pour pointer leur déficit. En outre, l'UE a pu décevoir des espoirs excessifs placés en elle en Catalogne comme appui dans la tension avec l'État. D'où le discours selon lequel la Catalogne ne pèsera sur les institutions communautaires qu'une fois indépendante.

Enfin, les manifestants ont tiré profit de la présence de nombreux médias étrangers, notamment britanniques et américains, qui couvrent la crise et ses conséquences pour l'économie espagnole. Le 11 septembre 2012, les indépendantistes catalans étaient sur la carte du monde.

Le grand succès de cette manifestation indépendantiste peut donc s'expliquer, en tout cas *a posteriori* – car c'est bien une surprise, même pour ses promoteurs [Ucelay-Da Cal, 2014], et le discours diffusé dès le lendemain de l'événement le replaçant dans un processus historique conscient vers une indépendance inéluctable, qui relève d'une démarche téléologique. En d'autres mots, les dirigeants nationalistes ont suivi à la lettre cette maxime de Jean Cocteau : "Puisque ces mystères me dépassent, feignons d'en être l'organisateur" [Cocteau, 1928].

L'OFFICIALISATION DU PROJET D'ÉTAT CATALAN

Première campagne électorale sur l'indépendance en 2012

Parmi ces dirigeants nationalistes, il faut bien sûr citer le président catalan Artur Mas lui-même. Feignant de voir dans la *Diada* 2012 un plébiscite personnel – ce qu'elle ne fut jamais –, il convoque pour le 25 novembre, de façon anticipée, le premier scrutin catalan centré sur l'indépendance. À l'opposé d'un simple duel médiatique entre Artur Mas et Mariano Rajoy, cette élection au Parlement catalan voit quatre listes pro-indépendance, parmi lesquelles CIU* (pour la première fois), ERC* et la CUP* (un parti indépendantiste d'extrême gauche), mais aussi deux partis contre la sécession, le Parti populaire de Catalogne et le parti de centre-droit *Ciudadanos* (Citoyens), et enfin deux partis fédéralistes, le Parti des socialistes de Catalogne (PSC) et ICV*, un parti rouge-vert issu en partie du communisme catalan. Une nouvelle preuve que, dans la politique catalane, le clivage identitaire Catalogne-Espagne n'a pas effacé le clivage social gauche-droite.

À l'issue de cette campagne inédite, la mobilisation fut sans précédent pour des élections au Parlement catalan avec 69,56 % des inscrits contre 58,78 % en 2010. Habituellement, une partie des électeurs boude ce type de scrutin, faute de se sentir assez catalans, alors qu'ils votent aux législatives espagnoles. Si les deux grands partis favorables à la sécession, CIU et ERC, sont arrivés en tête en 2012, la première a perdu plus de 90 000 voix et 12 députés en pariant sur l'indépendance, terrain sur lequel tous ses électeurs ne l'ont pas suivie. Sur le plan territorial, CiU a progressé dans la Catalogne intérieure, où le vote nationaliste et la pratique du catalan sont traditionnellement plus forts, et reculé sur la façade occidentale, plus densément peuplée et longtemps acquise aux socialistes catalans. Au lieu d'obtenir la majorité absolue qu'il visait, fixée à 68 sièges sur 135, Artur Mas est ainsi passé de 62 à 50 sièges, ce qui l'a rendu dépendant de son rival ERC, fort de 21 députés contre 10 en 2010. Faute de majorité absolue, l'obligation d'aller plus loin pour obtenir le soutien d'un ou plusieurs partis plus intransigeants – ERC en 2012, ERC et la CUP depuis 2015 – est devenue systématique par la suite, tant pour Artur Mas que pour son successeur Carles Puigdemont.

Le projet d'État défendu jusqu'à Bruxelles

Toutefois, la manifestation du 11 septembre 2012 fut un tournant majeur pour une autre raison : elle mena Artur Mas – ou lui servit de prétexte, c'est selon – à parler d'indépendance à Bruxelles fin 2012. Aucun de ses prédécesseurs ne l'avait fait, lui-même ayant défendu fin 2010 sur la scène européenne son programme électoral d'alors : le *concierto económico** à la basque. Ce respect de l'esprit de Bruxelles lui permettait encore de rencontrer sans difficulté les plus hautes instances de l'Union européenne.

En novembre 2012 en revanche, Artur Mas voulut défendre le droit de décider à Bruxelles. Tel fut l'objectif de l'allocution du 7 novembre 2012 organisée par le groupe de réflexion *Friends of Europe*. Dans son discours, le président catalan appela de ses vœux un État catalan pleinement inséré dans de véritables États-Unis d'Europe. Face à lui, outre les membres de l'administration catalane, le vaste auditoire se composait notamment de fonctionnaires communautaires, d'eurodéputés, de journalistes, de chercheurs, de représentants d'entreprises, mais d'aucun commissaire européen malgré les invitations envoyées. Surtout, les questions de la salle reflétèrent un net scepticisme quant à la possibilité pour une Catalogne indépendante de rester dans l'UE. Ainsi, l'eurodéputé travailliste britannique David Martin, auteur d'une proposition de rapport au Parlement européen sur les effets d'une sécession dans un État membre, fit-il remarquer à Artur Mas que si, dans un éventuel référendum, il demandait aux Catalans : "Voulez-vous un État catalan dans l'UE ?", il excéderait ses prérogatives. De la même façon, la journaliste Teresa Küchler demanda plusieurs fois à Artur Mas "Qui sont vos amis à Bruxelles ?", en dehors des dirigeants ayant des projets similaires au sien. En guise de conclusion, Artur Mas lui répondit : "Nos amis sont tous les gens qui aiment la démocratie."

Par la suite, lors de sa visite d'avril 2013, Artur Mas ne fut reçu ni par José Manuel Barroso ni par Herman Van Rompuy, mais uniquement par des commissaires. Or, à quelques jours d'intervalle, son homologue basque le président Iñigo Urkullu, du PNV*, venu contrairement à Artur Mas tenir un discours classique de président de communauté autonome d'Espagne, put rencontrer José Manuel Barroso en même temps que plusieurs commissaires.

Il faut mesurer l'ampleur du risque pris fin 2012 par Artur Mas, et tout ce que les 7,5 millions de Catalans avaient à perdre sur la scène européenne en termes de visibilité et d'influence. Car présenter, comme Artur Mas ce jour-là encore, la Catalogne comme "un contributeur net de l'UE", c'est oublier que l'Union européenne compte bien d'autres régions prospères, d'autres "moteurs pour l'Europe" – du nom d'une association créée en 1988 à Barcelone avec Rhône-Alpes, le Bade-Wurtemberg et la Lombardie –, et bien d'autres régions à compétence législative – la Catalogne cofonda ce groupe en 2000, fort de 73 régions, dont 17 en Espagne. C'est dire qu'aucun de ces atouts n'aurait suffi à la rendre aussi visible et influente qu'elle a su l'être jusqu'à une période récente.

En prenant leurs partenaires européens à témoin, que ce soit diplomatiquement ou par une présence massive et inédite dans les médias internationaux, les gouvernements espagnol et catalan ont contribué à étendre le débat sur la revendication d'État catalan, lequel apparaît depuis plusieurs années comme un débat politique.

Le paysage politique catalan bouleversé

L'officialisation de l'objectif indépendantiste fin 2012 par le président Artur Mas contribua à radicalement recomposer une scène politique catalane évidemment connectée à celle de toute l'Espagne, mais possédant ses logiques et dynamiques propres. C'en est fini de la longue domination sur le système électoral catalan des deux géants Convergence et Union (CiU), la coalition nationaliste de centre-droit, et le Parti des socialistes de Catalogne (PSC). CiU, qui gouverna la Catalogne de 1980 à 2003 puis de 2010 à 2015, explosa en juin 2015 en deux formations, dont la principale, CDC*, devint ensuite le PDeCAT (Parti démocrate européen de Catalogne, la formation de Carles Puigdemont). Quant aux socialistes catalans, jadis vainqueurs systématiques des élections municipales et législatives, ils perdent chaque scrutin depuis 2010.

Ajoutons à ces bouleversements récents le succès de listes catalanes alliées au parti espagnol d'extrême gauche *Podemos*, comme celle d'Ada Colau. Cette militante anti-expulsions fut élue en mai 2015 maire de Barcelone sans expérience de la politique institutionnelle. Mais au-delà, chaque scrutin organisé en 2014-2015 eut un vainqueur différent et inhabituel : ERC aux européennes de 2014, Convergence et Union aux municipales de 2015, une coalition centriste pro-indépendance, *Junts pel Sí* aux élections au Parlement en septembre 2015, et enfin une coalition *ad hoc*, de gauche, emmenée par la maire de Barcelone, aux élections générales espagnoles des 20 décembre 2015 et 26 juin 2016. Ces cinq résultats auraient semblé inimaginables entre 1984 et 2000, lorsque, sur quatorze scrutins consécutifs, CiU et le PSC* rassemblaient au moins 60 % des votes. Chacun avait en outre ses scrutins de prédilection : les élections autonomiques pour CiU, les municipales et les générales espagnoles pour les socialistes catalans, et une partie des électeurs privilégiaient une liste ou l'autre selon le type de scrutin. Ce mécanisme rassurant ne fonctionne plus.

Au contraire, il faut comprendre que dans un parti politique catalan, ni l'idéologie – ERC ne prône l'indépendance que depuis 1991 – ni les succès électoraux – le parti obtint des résultats inverses aux élections générales de 2004 et 2008 – ni les circonscriptions – le PSC gouverna Barcelone de 1979 à 2011, mais il y fut cinquième aux municipales de 2015 – ni la hiérarchie, le fonctionnement interne, ou même le nom – celui de Carles Puigdemont, issu de CiU, a plusieurs fois changé récemment – ne sont acquis à tout jamais. En outre, les majorités absolues semblent avoir vécu, ce qui donne un poids considérable aux petites formations.

C'est le cas de la CUP*. Ce parti indépendantiste d'extrême gauche n'occupe que récemment le devant de la scène en conditionnant chaque acte officiel en faveur de l'indépendance, mais existe depuis vingt ans, s'inscrivant dans une tradition indépendantiste révolutionnaire. Entré au Parlement catalan en 2012 avec trois députés, il est passé à dix sièges en 2015 et à quatre en 2017.

La sécession de la Crimée en 2014 n'a pas enterré la voie unilatérale

"La distance entre la Crimée et la Catalogne est aussi grande que celle qui existe entre l'Espagne et le Royaume-Uni", déclara Artur Mas à l'approche du référendum du 16 mars 2014 qui approuva le rattachement de la province autonome ukrainienne de Crimée à la Fédération de Russie. Les organisateurs de ce référendum revendiquent 96,6 % de "oui" pour un scrutin organisé sans un seuil de participation minimale, et dont l'issue était connue à l'avance. L'absence d'enveloppe pour contenir les bulletins était symptomatique. Dès le 18 mars 2014, le président russe Vladimir Poutine signait l'annexion de la Crimée.

Cet événement politique international dénoncé par l'ONU, le Conseil européen et l'OTAN comme illégal au regard du droit international et de la Constitution ukrainienne, les indépendantistes catalans s'en seraient volontiers passés. Car c'est à l'Écosse, où leurs homologues ont obtenu du gouvernement du Royaume-Uni la tenue légale d'un référendum le 18 septembre 2014, et non à la Crimée, que les indépendantistes catalans veulent être comparés. Logiquement, ils mettent en avant l'acceptation par le Premier ministre britannique David Cameron d'un référendum et de son résultat quel qu'il soit afin de dénoncer l'intransigeance du président Mariano Rajoy face à leur propre demande de référendum.

Au-delà d'Artur Mas et de son administration, les réactions de partis ou d'associations indépendantistes catalans au référendum en Crimée ne furent guère nombreuses. Il est pourtant habituel que les nationalistes catalans commentent des événements politiques internationaux pour en tirer des arguments internes. *Esquerra republicana de Catalunya* (ERC), parti indépendantiste de gauche arrivé en deuxième position lors du scrutin autonomique catalan du 25 novembre 2012, a dénoncé le 13 mars 2014 un scrutin convoqué "dans un contexte d'occupation militaire", tout en reconnaissant "la pleine légitimité des citoyens et citoyennes de Crimée à décider démocratiquement leur avenir". Le même communiqué affirmait que le référendum catalan prévu le 9 novembre 2014, "fruit d'un processus totalement démocratique et pacifique et proposé selon une conception inclusive de la citoyenneté", se situe "aux antipodes de celui de Crimée". CiU, la fédération nationaliste de centre-droit au pouvoir en Catalogne depuis 2010, et ERC répondaient ainsi aux propos du ministre espagnol des Affaires étrangères José Manuel García-Margallo du 17 mars 2014, selon lesquels :

> "Le parallèle entre le référendum de Crimée et celui qu'Artur Mas prévoit en Catalogne est absolu puisque tous deux violent la légalité."

Il convient de noter qu'au sein même du Parti populaire, le chef du groupe au Congrès de Madrid a immédiatement réagi à ces propos en estimant que les deux situations n'avaient d'autre point commun que "l'atteinte à la légalité". "Au-delà, déclara Alfonso Alonso, je crois que ni l'histoire, ni les circonstances ne se ressemblent en rien".

Le contexte politique espagnol de ces déclarations sur la Crimée n'avait rien d'anodin, puisque le gouvernement central du président Rajoy et la *Generalitat* du président catalan Artur Mas échangeaient des arguments sur le référendum catalan annoncé pour le 9 novembre 2014 dans des rapports transmis en février 2014 aux ambassades espagnoles à l'étranger. Afin d'insister sur la singularité de la situation catalane au regard du référendum en Crimée, le gouvernement catalan a décidé l'envoi d'un nouveau rapport aux ambassades européennes en Espagne daté du 26 mars 2014 et intitulé : "La Catalogne n'est pas la Crimée".

Toutefois, le parallèle entre la situation de la Catalogne et le référendum en Crimée n'a pas été dressé que par le ministre espagnol des Affaires étrangères. Le ministre de l'Information de Crimée avait lui-même appelé les gouvernements catalan et écossais à "envoyer des délégations d'observation [pour le référendum du 16 mars 2014] pour voir comment nous ferons". Comme cet appel est logiquement resté sans effet, un ancien dirigeant du parti catalan xénophobe *Plataforma per Catalunya*, Enric Ravello, venu soutenir ce référendum comme observateur international, a pu se présenter comme "un député catalan du Parlement espagnol", alors que ni lui-même ni son ancien parti n'ont jamais siégé, que ce soit au Congrès de Madrid ou au Parlement catalan !

En Catalogne, la question de la Crimée semble avoir été abondamment commentée, à la radio et dans la rue, principalement pour souligner les différences séparant le référendum du 16 mars 2014 et la situation catalane. "Cela ne fait plaisir à personne, commente un indépendantiste historique. Il eût mieux valu que cet événement n'ait pas eu lieu. Le bruit médiatique qui en résulte ne peut pas nous être favorable." Néanmoins, au lendemain de cet événement, "je doute, poursuit ce même observateur, que ce qui s'est déroulé en Crimée puisse affecter dans un sens ou dans l'autre les convictions des Catalans sur l'indépendance".

De son côté, Vicent Partal, directeur du très catalaniste site d'information VilaWeb, a pointé les fortes réticences du gouvernement espagnol du président Felipe González à reconnaître l'indépendance de l'Ukraine proclamée le 24 août 1991. "Je me souviens encore, écrit-il, de l'obstination [de l'Espagne] à ne pas reconnaître l'Ukraine et de son insistance à soutenir l'URSS, même lorsque plus personne ne le faisait". De fait, l'Espagne semble avoir davantage développé des relations diplomatiques avec l'Ukraine lors des présidences de José María Aznar et Leonid Koutchma, que sous le mandat de leurs prédécesseurs Felipe González et Leonid Kravtchouk, premier président de l'Ukraine indépendante (1991-1994).

Toutefois, on peut rappeler que Vladimir Poutine avait plusieurs fois mis en garde l'Espagne contre le risque d'une sécession de la Catalogne si le Kosovo devenait indépendant, à l'approche et au lendemain de la déclaration unilatérale d'indépendance du Kosovo du 17 février 2008. Sur le site de la radio francophone *La Voix de la Russie*, l'article le plus ancien sur la Catalogne date précisément du 22 février 2008, et porte sur le risque élevé de voir les indépendantistes régionaux d'Europe de l'Ouest tirer parti du précédent du Kosovo. Malgré les profonds changements des rapports de force politiques intervenus en Catalogne depuis 2008, on pourra mesurer le regain d'intérêt, voire l'enthousiasme, qu'exprime le traitement par *La Voix de la Russie* de l'indépendantisme catalan depuis le référendum du 16 mars 2014 en Crimée.

À des degrés divers, et en dépit des très nettes différences séparant la situation catalane du référendum suisse du 9 février 2014 sur l'immigration, et de la votation du 16 mars 2014 en Crimée, ces deux derniers événements pouvaient menacer l'image idyllique du référendum que les indépendantistes catalans étaient si prompts à défendre au nom du "droit de décider", comme si les conditions de tenue d'un référendum n'étaient que secondaires. Ce concept fait passer l'indépendance elle-même au second plan, pour mettre en avant le référendum comme expression même de la démocratie. Le constitutionnaliste Dominique Rousseau a parfaitement analysé cette très commode représentation, ainsi que ses limites [Rousseau, 2014].

Cette idée en vogue sous-tend chacune des conférences organisées par Diplocat*, dans des universités du monde entier, pour défendre le droit de décider des Catalans, de juin 2013 à fin octobre 2017 – date à laquelle Madrid annonça sa dissolution. Au cours de l'une de ces conférences, tenue à Utrecht le

7 avril 2014, l'un des participants, Veiko Spolitis, membre du parti conservateur letton *Unity Party* (groupe Parti populaire européen), souhaita distinguer le projet de référendum catalan de celui qui s'était tenu en Crimée, en affirmant :

> "Il y aura un référendum en Catalogne. Le référendum en Catalogne est un sujet de discussion important et n'a rien à voir avec ce que nous avons vu en Crimée."

Les dirigeants indépendantistes catalans pouvaient s'interroger en voyant que leur projet de référendum et le discours en sa faveur pouvaient si facilement faire l'objet d'une "parodie", selon un terme employé par le politologue ukrainien Mykola Riabchuk dans une interview à la Fondation Robert Schuman [Fondation Robert Schuman, 2014].

Sous l'effet des dramatiques développements ultérieurs en Ukraine, la Crimée a rapidement cessé de nourrir les discussions en Catalogne. Que faut-il retenir de cet événement somme toute lointain pour l'avenir institutionnel de la communauté autonome ? Aux yeux de Martí Adroher, un consultant catalan en diplomatie internationale basé en Allemagne et interrogé par nos soins en 2014, "la Crimée a souligné la nécessité absolue pour la Catalogne d'un référendum organisé selon les standards internationaux". S'exprimant à titre personnel, il espérait que le référendum de Crimée, dénoncé en bloc comme une violation des standards internationaux, avait "coupé définitivement la voie unilatérale pour une indépendance catalane". Cette idée, caressée de longue date par certains indépendantistes catalans, revient régulièrement dans le débat politique interne, notamment depuis l'indépendance du Kosovo. Le principal parti de la fédération CiU au pouvoir en Catalogne depuis fin 2010, ainsi que le parti indépendantiste *Esquerra republicana de Catalunya*, ont tous deux voté en 2014 et 2013 respectivement des motions en faveur de cette voie périlleuse d'accès à l'indépendance.

D'où l'incompréhension de Martí Adroher face aux déclarations du président catalan Artur Mas, disant à l'époque "ne pas exclure une déclaration unilatérale d'indépendance".

La présence du président russe Vladimir Poutine en Crimée le 9 mai 2014, jour anniversaire de la capitulation nazie devant l'URSS, mais également fête de l'Europe pour les pays de l'Union européenne, souligne la gravité du défi lancé à celle-ci par Moscou quant à sa stabilité et son influence politique à l'étranger. En Catalogne, certains partisans de la sécession d'avec l'Espagne comparent inlassablement l'indépendance à une simple opération financière dont on pourrait établir à l'avance le solde, ou à un divorce. Mais le rattachement de la Crimée à la Fédération de Russie souligne crûment un autre aspect, humain celui-là : toute indépendance, même institutionnellement négociée, peut comporter des déchirements durables de proches, dont les sentiments d'appartenance sont soudain rendus antagonistes.

Le référendum écossais, référence obligée et durable

Le vote du 18 septembre 2014 en Écosse suscita et suscite encore beaucoup plus d'émules dans le monde entier, indépendantistes catalans en tête, bien que le "non" l'ait emporté par 55,30 % (2 millions de voix) contre 44,70 % (1,6 million de voix) pour le "oui". L'attrait qu'exercent en Catalogne les partisans d'un État écossais est compréhensible : à la victoire que constituait l'engagement des deux gouvernements à accepter l'issue du vote s'ajoutent le professionnalisme du SNP dans la rédaction du livre blanc de l'indépendance (bien qu'il lui fût reproché de restreindre la discussion avec un document de 670 pages), l'organisation d'une campagne très intense et ciblée, avec de multiples débats contradictoires locaux et associatifs et la très forte participation le jour du vote, qui atteignit 84,59 % des inscrits. Signalons d'emblée une double exagération, fréquente lorsque l'on compare les mouvements indépendantistes écossais et catalan : le premier n'est pas exclusivement institutionnel – puisque la campagne sur le référendum gagna l'ensemble des citoyens d'Écosse – et le second possède aussi sa dimension institutionnelle.

On le constate dans les multiples liens que les indépendantistes catalans ont cherché à tisser avec leurs homologues écossais. Outre ceux unissant de longue date ERC et le SNP, la fédération CIU en avait noué plus discrètement via la délégation du gouvernement catalan à Londres [TORRANCE, 2013], créée en 2008. Un centre catalan d'Écosse existe à Édimbourg depuis 1998, et deux journalistes catalans habitant la capitale y créèrent en juin 2014 le *"Referendum tour"*, une visite guidée d'Édimbourg en catalan, avec un parcours spécifique le jour du vote. La veille, des indépendantistes catalans avaient acheté une page de publicité dans le quotidien *The Herald* pour féliciter leurs homologues écossais [CAMP-PIÉTRAIN, 2014].

Logiquement, les Catalans étaient particulièrement visibles parmi les nombreux indépendantistes – basques, québécois, sardes entre autres – qui investirent le centre d'Édimbourg le 18 septembre 2014. Les grandes associations ANC* et *Òmnium cultural**, coordinatrices de chaque *Diada* depuis 2012, contribuèrent à cette mobilisation. Des militants de la première organisèrent ainsi un rassemblement le jour du vote devant la cathédrale d'Édimbourg, et formèrent les drapeaux indépendantistes catalan et écossais à l'aide de veilleuses colorées. Officiellement venus soutenir leurs amis écossais, ces mouvements profitaient au maximum de la couverture médiatique mondiale pour vanter leur propre cause. Ce second objectif semblait pleinement rempli à la fin de la journée. On peut indiquer ici qu'une fois le référendum écossais fixé, la date du 11 septembre 2014 fut, un temps, considérée pour organiser un vote sur l'indépendance catalane. Ce projet avait une motivation symbolique : acter la séparation d'avec l'Espagne 300 ans après la chute de Barcelone en 1714, et une autre tactique : voter avant un référendum écossais que le "non" avait de grandes chances de remporter. Car les sondages qui annonçaient ce résultat, jusqu'aux dernières semaines avant le vote, étaient lus en Catalogne. Chez les partisans de longue date d'un État catalan, l'échec du référendum écossais pouvait renforcer l'idée que seule une déclaration unilatérale pourrait le faire advenir.

Mais, justement, les Écossais voulant l'indépendance de leur nation n'ont pas toujours bien accueilli ces comparaisons internationales. La presse britannique l'a parfois relevé en parlant "d'amour à sens unique" (*unrequited love*) des Catalans pour les Écossais. Cela va plus loin. Le simple terme de *séparatiste* – *indépendantiste*, plus neutre, n'existe pas vraiment en anglais – rebute les Écossais, contrairement aux Catalans et aux Québécois. Le poids de la revendication linguistique chez ces derniers les distingue aussi du SNP, dont Alex Salmond a évincé les tenants d'un nationalisme identitaire. Le *First Minister* a lui-même marqué les distances séparant l'indépendantisme catalan de son parti et de l'Écosse [Torrance, 2013].

Reste que, pour l'ensemble des mouvements régionalistes, nationalistes et indépendantistes existant en Europe notamment, et dont très peu ont la force électorale des Catalans, Écossais, Flamands ou Corses, le référendum écossais de 2014 restera le scénario idéal d'accès à l'indépendance en tant que vote officiel, contraignant, démocratique et pacifique. Les événements ultérieurs survenus en Catalogne, du référendum du 1er octobre 2017 émaillé de violences policières au placement en détention provisoire de dirigeants indépendantistes, peuvent susciter des gestes de solidarité chez leurs homologues étrangers, les Écossais en tête, mais cela ne signifie pas qu'ils agiraient de la même façon sur leur propre territoire.

La constante complémentarité entre associations et institutions pro-indépendance

Que des dirigeants associatifs indépendantistes, le président de l'ANC Jordi Sànchez et celui d'*Òmnium cultural* Jordi Cuixart, aient été placés en détention provisoire par la justice espagnole pour sédition, le 16 octobre 2017, c'est-à-dire avant d'anciens membres du gouvernement catalan comme le vice-président Oriol Junqueras (détenu depuis le 2 novembre 2017 pour rébellion, sédition et malversation de fonds publics), peut surprendre, voire choquer. Pourtant, ces faits confirment un trait distinctif du nationalisme catalan : la constante complémentarité entre associations, partis politiques et institutions catalanes dans l'activité politique. La première partie de cet ouvrage en a livré des exemples historiques ; donnons-en des illustrations plus récentes.

Xavi Solà, à l'époque maire-adjoint CIU de Vic, chef-lieu de la très nationaliste comarque d'Osona situé à 70 kilomètres de Barcelone, nous rappelait en 2008 que les partis politiques ne sont qu'un levier parmi d'autres de la vie politique en Catalogne :

> "Tout en étant politique, chacun doit en faire là où il vit, là où il travaille, c'est-à-dire parler de l'état de la société, de la façon de la transformer du point de vue économique, culturel, des libertés."

L'indépendantisme catalan et son ancrage territorial ne dépendent plus, en effet, des seuls partis politiques. Il faut aussi tenir compte d'un tissu associatif indépendantiste très divers. Certains des mouvements qui le composent ont d'emblée prôné un État, d'autres l'ont fait progressivement. Bien au-delà des périodes électorales, ce tissu joue un rôle décisif partout où il est implanté, pour que l'adhésion à la revendication d'un État catalan souverain progresse de façon manifeste sur tout le territoire.

La liste *Junts pel Sí* réunissant ERC et CDC, principal parti de l'ancienne fédération nationaliste CiU, utilisa pleinement cette stratégie pour les élections autonomiques tenues le 27 septembre 2015. Non seulement les logos de CDC et d'ERC étaient délibérément absents du matériel de campagne de *JxSí**, mais leurs dirigeants Artur Mas et Oriol Junqueras n'occupèrent que les quatrième et cinquième places de la liste. Les trois premières étaient tenues par Raül Romeva, devenu indépendant après son départ du parti fédéraliste ICV, et, surtout par Carme Forcadell, ancienne présidente de l'Assemblée nationale de Catalogne (ANC) et Muriel Casals Couturier, ancienne présidente d'*Òmnium cultural.* Chacune avait abandonné sa fonction, mais gardé l'aura qui y était attachée.

Les nouveaux mouvements indépendantistes s'implantent de préférence là où c'est efficace : fonder l'Association des municipalités pour l'indépendance (AMI) à Vic plutôt que dans une autre localité catalane rappelle la force du nationalisme catalan dans cette ville. En outre, la synergie entre partis politiques catalans et mouvements indépendantistes associatifs accroît leur efficacité respective. Tout comme à propos des partis politiques face à l'indépendantisme, il faut parler au pluriel quant à la contribution associative à son succès : l'ANC joua un rôle moteur dans la logistique de la manifestation du 11 septembre 2012 à Barcelone, et organisa les éditions suivantes. Celle de 2015 fut logiquement très favorable à la liste indépendantiste *Junts pel Sí.* Mais en définitive, la décision de participer à ces mobilisations pour l'indépendance restait individuelle.

Deux exemples médiatisés bien au-delà de l'Espagne l'illustrent : d'une part, les consultations locales de 2009 à 2011 et d'autre part, l'AMI, créée le 14 décembre 2011. Les deux démarches ne sont pas disjointes. Après les dernières consultations le 10 avril 2011, leurs organisateurs créèrent l'Assemblée nationale de Catalogne. Rapidement, celle-ci incita les municipalités à adhérer à l'AMI.

Toutefois, seule la comarque du Pla de l'Estany vit toutes ses municipalités organiser des consultations puis adhérer à l'AMI. Bien d'autres communes firent l'une des deux choses, certaines aucune. Toutes les communes d'Osona ont adhéré à l'AMI, mais 8 sur 51 n'ont pas préalablement voté sur l'indépendance. Dans tous les cas, il fallait un vote favorable du conseil municipal. Mais la décision d'organiser ou non un référendum ne se jouait pas uniquement dans cette instance. La première consultation eut lieu le 13 septembre 2009 à Arenys de Munt (comarque du Maresme) sous l'impulsion de la CUP. Mais le parti n'avait alors qu'un seul élu au conseil municipal, Josep Manel Ximenis, un indépendantiste historique. Lors des municipales de 2011, la CUP a obtenu la mairie avec quatre élus.

Dans l'organisation des référendums ultérieurs, Uriel Bertran, de Solidarité catalane pour l'indépendance (SI), joua un rôle décisif. Mais dans la liste des promoteurs de ces consultations, aux côtés des très nombreux édiles et maires de CiU, d'ERC, de SI ou des CUP, figurent quelques élus d'autres formations non nationalistes comme le PSC. Plus largement, la vie associative et militante des petites communes catalanes repose souvent sur un groupe restreint de personnes ayant plusieurs appartenances, et autant d'occasions de prendre la parole.

La participation à ces consultations constituait la véritable inconnue, d'autant plus que les organisateurs avaient choisi d'ouvrir le vote aux habitants inscrits à l'état civil à partir de 16 ans, y compris les résidents étrangers. Ce choix présentait l'intérêt d'offrir à ces résidents non électeurs une voie de participation politique concrète, bien que ponctuelle. Certaines associations représentant les immigrants ont appelé à participer aux consultations souverainistes, comme à Sabadell le 30 mai 2010.

Avec une moyenne de 18,93 %, la mobilisation fut néanmoins très variable. Sans surprise, la circonscription la plus mobilisée fut celle d'Osona, avec 41,33 %, et le Tarragonès celle qui le fut le moins, avec moins de 8 %. Clairement, ce résultat a montré qu'une majorité de Catalans ne se mobilisaient pas pour soutenir l'indépendance, ce qui constituait pourtant l'objectif de ces consultations. On comptait 553 consultations, et 683 municipalités adhérentes à l'AMI courant février 2014. Néanmoins, leur distribution spatiale les rend significatives. Ce mouvement n'a pas touché que les comarques fidèles de longue date au nationalisme catalan : 83 % des municipalités du Vallès occidental et 90 % de celles du Maresme ont ainsi voté sur l'indépendance, alors qu'il s'agit de deux comarques historiquement de gauche – un autre signe de la recomposition des rapports de force. Dans ces consultations, le "oui" à l'indépendance l'a emporté en moyenne à plus de 91 %. Soulignons l'originalité de la démarche des très rares électeurs ayant voté "non". Par ce choix, ils prenaient au mot les organisateurs des consultations, qui invitaient dans leurs slogans à *"voter oui ou non, mais à voter"* puisque, cette fois, la question de l'indépendance était posée aux citoyens catalans.

Pour les consultations comme pour l'AMI, agir localement n'était pas seulement pragmatique. Convaincre les habitants d'une municipalité exige beaucoup moins de ressources, de personnes et de temps que de convaincre une majorité de Catalans. Il pouvait aussi s'agir d'un choix par défaut : multiplier les consultations locales faute de pouvoir organiser un référendum contraignant à l'échelle catalane. Mais certains députés catalans avaient demandé de multiples fois cette possibilité au Congrès de Madrid, essuyé un refus et tiré argument de ce refus. En réalité, la démarche locale avait un sens : la première souveraineté est locale. Quand Vic, Mataró ou Sabadell "décidaient", c'était comme dépositaires de cette première souveraineté.

De même, la consultation non référendaire du 9 novembre 2014 menée en Catalogne (et dans plusieurs pays auprès des

Catalans vivant à l'étranger) fut interdite par le Tribunal constitutionnel espagnol. Elle eut lieu néanmoins, sans valeur juridique, recueillant 2,3 millions de voix, dont 80,76 % approuvaient l'indépendance. Officiellement, seuls des militants associatifs et bénévoles l'organisèrent, sans le gouvernement catalan d'Artur Mas. Celui-ci, poursuivi pour désobéissance et malversation par le Tribunal supérieur de justice catalan avec deux autres anciennes ministres de son gouvernement, reconnut toutefois avoir organisé la consultation. Artur Mas fut condamné le 13 mars 2017 à deux ans d'interdiction de toute fonction publique pour désobéissance. De leur côté, Irene Rigau écopa de 18 mois d'interdiction de fonction publique pour désobéissance, et Joana Ortega de 21 mois. L'accusation de malversation de fonds publics fut par contre abandonnée pour les trois responsables catalans.

En outre, il convient de mesurer à l'échelle individuelle la forte propension des élus nationalistes catalans à concilier vie politique et engagements associatifs multiples, ce qui donne autant d'occasions distinctes de prendre la parole en public. Carme Forcadell a acquis, en quelques années, une forte présence médiatique et politique comme première présidente de l'ANC (2012-2015), mais cette dirigeante indépendantiste est également militante d'ERC et une part de son aura de dirigeante associative rejaillissait nécessairement sur sa formation politique. Il faut également constater le grand nombre de dirigeants politiques qui retrouvent un poste à l'université une fois leur carrière partisane terminée ou ralentie. Sous forme de conférences, de livres politiques ou d'interventions médiatiques, les mêmes personnes peuvent apparaître tour à tour comme les acteurs et les experts des mêmes faits, non sans raccourcis ou biais téléologiques. Enfin, la *Generalitat* a pu soutenir des associations indépendantistes, directement par des subventions, ou indirectement sous forme de dons effectués par des organismes qu'elle subventionnait.

Une indépendance peu débattue sur le fond

Nous l'avons dit, le projet d'État catalan est bien davantage défendu pour son principe que pour son contenu. Chacun a pu ainsi l'imaginer à sa guise, pendant que les débats portaient sur les conditions d'obtention d'un État, le refus systématique du référendum par Madrid, et les nombreux dysfonctionnements des infrastructures. "Avant de nous demander hypothétiquement ce que nous ferions dans une Catalogne indépendante, il faut poser le débat en termes démocratiques : pourquoi la Catalogne ne peut-elle accéder au droit à l'autodétermination ?", résumait en 2007 Jordi Navarro, futur conseiller municipal de la CUP à Gérone. Cela n'a guère changé une fois cette aspiration discrète transformée en projet officiel, malgré l'importance accrue de cette réflexion [TRÉPIER, 2016].

Pour expliquer cette difficulté à décrire de façon détaillée un possible État catalan, avancer le refus de Madrid de tout dialogue sur ce point est insuffisant : le gouvernement Rajoy considère en effet qu'il n'y a rien à discuter, mais les citoyens catalans n'ont besoin d'aucune autorisation pour aborder un sujet, avec ou sans effet immédiat. De même, le fait que plusieurs partis prônent aujourd'hui la sécession n'est qu'un obstacle apparent pour en élaborer le contenu, car ERC* ne précisait pas plus ce contenu lorsqu'elle seule parlait d'indépendance. C'est donc bien un choix ancien, et débattre contradictoirement du contenu de l'indépendance devient de plus en plus complexe à mesure que la polarisation s'accroît en Catalogne. Or, les derniers gouvernements catalans ont contribué à cette polarisation [TRÉPIER, 2017].

Ainsi, à l'approche des célébrations du Tricentenaire 1714-2014 [v. Documents], le secrétariat catalan à l'Éducation expliqua dans une conférence destinée aux professeurs de l'enseignement maternel, primaire et secondaire, comment cet épisode historique devait être exposé aux élèves, et comment en relier les enjeux à la période actuelle de revendication d'indépendance. Ce secrétariat à l'Éducation avait préalablement mis en ligne des ressources pédagogiques spécifiques consacrées à l'enseignement de la Guerre de succession d'Espagne. Elles s'ajoutaient aux programmes classiques, déjà très catalanistes, de l'enseignement scolaire public de la communauté autonome. Mais en outre, le Conseil scolaire de Catalogne, un organisme du gouvernement catalan contrôlant l'enseignement non universitaire sur le territoire, appela officiellement dans un communiqué du 6 mars 2014 les professeurs et les associations de parents d'élèves à "prendre les initiatives qu'ils jugeront opportunes pour responsabiliser les citoyens sur l'avenir de notre pays, et soutenir le processus démocratique pour exercer le droit de décider".

Malgré ce climat de polarisation croissante, des débats contradictoires ont bien été lancés sur ce que serait une Catalogne indépendante. Les médias jouent sur ce point un rôle clé, en particulier ceux de l'audiovisuel public catalan, puisque radio et télévision proposent un débat par jour sur le fameux processus souverainiste. En outre, une revue économique récente, *Alternativas económicas*, prit en mai 2014 l'initiative très novatrice de confronter des textes signés par des économistes aux visions opposées de l'indépendance catalane.

Surtout, plusieurs universités catalanes de renom ont organisé des débats publics et contradictoires sur le contenu de l'indépendance. Ces débats sont consultables en ligne sous forme de vidéos et/ou de transcriptions. Le premier eut pour cadre l'Université autonome de Barcelone le 7 novembre 2012, soit à la fin de la première campagne électorale en Catalogne centrée sur l'indépendance. Les trois orateurs, tous universitaires, exprimèrent des visions différentes de la sécession, et non différentes nuances de la même idée. Notons qu'il n'allait pas de soi qu'une université aussi marquée par le nationalisme catalan puisse organiser un débat contradictoire sur l'indépendance.

Par la suite, début 2013, l'université Pompeu Fabra proposa quatre tables rondes publiques sur le contenu de l'indépendance, toutes organisées par champs universitaires. Outre le public présent physiquement, les internautes purent suivre les discussions en direct, et les vidéos de chaque débat sont toujours en ligne. Là aussi, des visions opposées purent se faire entendre concernant l'indépendance, sans attitude de rejet des auditeurs ou entre orateurs. En revanche, d'un panel à l'autre, certains participants pouvaient parler davantage en direction du public qu'aux autres intervenants.

La troisième série de débats contradictoires sur l'État catalan fut tout aussi intéressante, par le lieu d'abord, l'université de Gérone, et par le moment politique ensuite, d'octobre à novembre 2014, soit à la fin de la campagne de la consultation du 9 novembre 2014. Les conférences se divisèrent en quatre journées, la dernière, le 4 novembre 2014, portant un titre transparent : "L'indépendance de la Catalogne, oui ou non ?" Les débats, consultables en ligne, furent transparents au point de séparer clairement les intervenants en partisans du "oui" ou du "non", chaque débat opposant deux orateurs de chaque côté. Discuter *contradictoirement* et en public de l'indépendance dans cette ville de Gérone n'avait rien d'évident sur le principe : Carles Puigdemont en était maire depuis 2011, elle avait adhéré comme capitale provinciale à l'AMI, sa comarque faisait partie de celles ayant organisé le plus de consultations locales sur la sécession de 2009 à 2011, et enfin la consultation du 9 novembre 2014 y avait vu la sécession recueillir 87,33 % de voix pour une participation de 36,18 % des électeurs potentiels, contre seulement 28,13 % à Barcelone. Le poids local de l'indépendantisme ne semblait pas augurer des débats sereins entre visions opposées de l'avenir de la Catalogne. Ces échanges eurent pourtant lieu, malgré les caractéristiques locales, le climat du moment et les positions tranchées sur l'indépendance. Les témoignages des participants et des auditeurs, ainsi que les vidéos, montrent un respect minimal de chaque participant envers les autres, y compris face à des opinions opposées aux siennes.

Notons que ces quelques débats, beaucoup moins nombreux que ceux de la campagne du référendum de 2014 en Écosse, furent organisés non par des membres du gouvernement catalan, mais par des universitaires. Quelles que soient leurs convictions sur l'indépendance, ces chercheurs ont contribué par leur professionnalisme académique à la sérénité de ces échanges. Quant aux auditeurs de ces débats, ils ont montré une capacité à entendre des arguments différents sur un sujet pourtant extrêmement sensible.

Des opposants à l'indépendance de plus en plus mobilisés

Tout comme le mouvement pour un État catalan, celui qui s'y oppose, baptisé "unioniste" par ses adversaires, s'appuie sur plusieurs partis et associations. Concernant les partis politiques, le Parti populaire de Catalogne, aile régionale du Parti populaire espagnol, est le plus ancien. Mais il a été concurrencé de plus en plus fortement par un autre parti créé en Catalogne en 2006, n'ayant jamais gouverné l'Espagne : *Ciutadans-Ciudadanos* ("Citoyens" en catalan et en espagnol), un parti de centre-droit créé d'emblée contre la politique d'immersion linguistique en catalan et le projet de nouveau statut d'autonomie soumis à référendum en 2006. La même année, *Ciudadanos* est entré au Parlement catalan avec trois députés, mais chaque élection centrée sur l'indépendance depuis 2012 l'a renforcé, au point de le placer en tête le 21 décembre 2017, avec 36 sièges. Ses voix viennent surtout des circonscriptions les plus urbanisées de Catalogne, du Maresme au Baix Camp, en passant bien sûr par Barcelone et Tarragone. Ses députés se distinguent de leurs collègues par l'usage de l'espagnol au lieu du catalan, langue qu'ils parlent très bien par ailleurs.

La forte progression de *Ciudadanos* depuis 2012 résulte de la mobilisation croissante lors des élections au Parlement catalan (qu'ils avaient longtemps boudées) des électeurs sceptiques ou opposés au nationalisme catalan et *a fortiori* à l'indépendance. À l'image des habitants des districts populaires de la périphérie de Barcelone, leur langue habituelle est plutôt l'espagnol que le catalan. Déjà plus forte en 2012 qu'en 2010, avec 69,56 % des inscrits, la participation aux élections catalanes atteignit 77,44 % du corps électoral en 2015, soit 4 115 807 électeurs. La mobilisation pour ce scrutin progressa à toutes les échelles, des quatre provinces catalanes aux différents quartiers de Barcelone.

L'écart de participation avec la consultation non référendaire du 9 novembre 2014, organisée sans liste électorale, est saisissant à l'échelle des grandes villes : Barcelone passe de 28,13 % des électeurs potentiels en 2014 à 77,06 % des inscrits en 2015. L'Hospitalet de Llobregat, ville la plus densément peuplée d'Espagne, passe de 13,82 % en 2014 à 72,47 % en 2015. Dans un autre genre, Manresa, ville historiquement nationaliste, obtint la participation la plus forte lors de la consultation de 2014 avec 37,88 % d'électeurs potentiels mobilisés. Mais, le 27 septembre 2015, les élections au Parlement catalan attirèrent 76,75 % des inscrits. Un écart comparable s'observe à Gérone, dont Carles Puigdemont était maire : 36,18 % d'électeurs potentiels en 2014, contre 78,68 % des inscrits en 2015.

Les dernières élections au Parlement catalan ont plutôt marginalisé les partis tentant officiellement de défendre une troisième voie, comme les socialistes catalans ou l'allié catalan de *Podemos* qu'est Catalogne en commun (*Catalunya en Comú*) de la maire de Barcelone Ada Colau. Les premiers ont connu d'importantes défections de militants et dirigeants indépendantistes, et la question de la sécession divise les rangs d'En commun, et jusqu'à la direction nationale de *Podemos*.

Mais si les dirigeants de ces partis peuvent parfois jouer les équilibristes sur la question territoriale, leurs élus et militants peuvent s'opposer sur le terrain aux thèses indépendantistes, ou se voir soupçonnés, faute de soutenir explicitement le désir d'État, de trahir la Catalogne. Il est pourtant logique qu'un mouvement proposant une seule réponse à chaque question possible – l'indépendance – ait des contradicteurs ne s'accordant pas sur tout. C'est aussi probablement l'une des raisons pour lesquelles le mouvement associatif catalan contre l'indépendance tarda à s'organiser.

Mais, c'est fait : depuis octobre 2017 au moins, de grandes manifestations contre l'indépendance ont été convoquées avec succès dans de grandes villes catalanes dont Barcelone – donc pas seulement à Madrid et dans d'autres villes du reste de l'Espagne. Le changement est d'importance. À l'origine de ces rassemblements figurent plusieurs associations catalanes, dont Société civile catalane, née en 2014, ou Concorde civique catalane, créée en janvier 2017. Le succès de ces manifestations a prouvé que les rues de Barcelone n'étaient pas le monopole des indépendantistes ; les symboles choisis ont rappelé qu'il en allait de même pour les drapeaux catalan et européen, réunis avec la bannière de l'Espagne, et pour la langue catalane. Celle-ci fut la principale employée par l'ancien président du Parlement européen Josep Borrell dans son discours du 8 octobre 2017 à Barcelone. Il est certain qu'une partie du public, venue du reste de l'Espagne, n'a pas pu comprendre cette partie du discours, mais aurait-il pu aller au bout de celui-ci si l'inverse s'était produit ?

Enfin, l'opposition catalane au projet indépendantiste a pris une autre forme complémentaire, avec la revendication d'une 18e communauté autonome, appelée Tabarnia, dont le territoire correspondrait à la partie la plus peuplée – et la plus prospère – de la Catalogne actuelle. Autrement dit, aux dix comarques des aires métropolitaines de Barcelone et de Tarragone. *Ciudadanos* y obtint ses meilleurs scores. L'entité virtuelle annoncée en janvier 2018 possède déjà son drapeau, fusion des emblèmes de Barcelone et de Tarragone, son président – le dramaturge catalan Albert Boadella, bête noire des nationalistes catalans, qui le leur rend bien, et vit à Madrid depuis 2007. Tabarnia revendique le référendum d'autodétermination pour quitter la Catalogne et rester en Espagne, mais aussi, à plus court terme, une réforme de la loi électorale supprimant le mécanisme compensant le déficit démographique des provinces de Gérone, Lleida et Tarragone. Car, il faut près de 50 000 voix par député à Barcelone contre environ 30 000 à Gérone. Si cette revendication était exaucée, chaque voix aurait le même poids dans toute la communauté autonome. Bien sûr, Tabarnia est explicitement conçue pour pousser la logique des indépendantistes jusqu'à l'absurde : on peut la reproduire à l'envi en morcelant sans fin le même territoire.

La bataille de la communication engagée sur de multiples fronts

Pour défendre leurs vues, partisans et, plus récemment, adversaires de la sécession catalane investissent de façon cohérente et simultanée de multiples terrains. C'est logique, puisque la vie politique catalane n'a pas de limites claires. En ce sens, il semble plus pertinent de parler de bataille de communication que d'affrontement diplomatique, car la diplomatie n'en représente qu'un aspect.

Difficile pour les chancelleries étrangères, dans l'Union européenne surtout, d'ignorer la rivalité de pouvoir opposant jusqu'en novembre 2017 le gouvernement catalan à l'exécutif central. C'est encore plus vrai, bien sûr, depuis qu'Artur Mas a officialisé son projet d'État catalan à Bruxelles au mois de novembre 2012. La diplomatie espagnole s'est pleinement engagée pour faire pièce aux diverses démarches diplomatiques du gouvernement catalan pour défendre sa position à l'étranger. La succession des mémorandums envoyés par les exécutifs espagnol et catalan aux ambassades présentes à Madrid n'est qu'un exemple parmi bien d'autres du bras de fer diplomatique qu'ils se livrent sur de multiples terrains.

Comme le reflètent certains des mémorandums de la *Generalitat* que nous avons consultés, les comparaisons internationales donnent également lieu à l'échange des arguments opposés entre les deux exécutifs. Le référendum écossais l'illustre, puisque José Manuel García-Margallo, alors ministre espagnol des Affaires étrangères, déclara en octobre 2012 qu'une Écosse indépendante devrait "attendre son tour" pour rejoindre l'Union européenne en tant qu'État. Toutefois, les démarches diplomatiques du gouvernement central contre l'exécutif catalan, si elles peuvent réduire la marge de manœuvre de la *Generalitat*, sont naturellement lancées au nom de l'Espagne. Elles ne peuvent par conséquent remettre en cause la représentation géopolitique d'un peuple catalan uni dans sa rivalité historique avec l'État espagnol.

Parallèlement, dans le sillage de sa représentation à Bruxelles devenue délégation en 2004, le gouvernement catalan créa de 2008 à 2016 jusqu'à treize délégations à l'étranger. Les quatre premières ouvrirent à Paris, ville de l'Unesco où la Catalogne s'implanta dès 1998, Londres, Berlin, et New York, ville de l'ONU. Suivirent Vienne et Rome en 2014, Rabat, le Vatican et Lisbonne en 2015, puis Copenhague, Varsovie, Zagreb et Genève en 2016. Tout comme la représentation catalane auprès de l'UE, ces bureaux s'institutionnalisèrent de plus en plus, et leur rôle évolua. Si leur visée ultime consistait bien à devenir les ambassades d'un futur État, elles devaient faire connaître la Catalogne, faciliter les contacts institutionnels des responsables catalans à l'étranger, contribuer aux manifestations culturelles impliquant la Catalogne, et servir d'interlocuteurs aux Catalans résidant à l'étranger. Autrement dit, toutes n'eurent pas dès leur création l'ordre de défendre le projet d'État catalan à l'extérieur, encore moins les plus anciennes et expérimentées comme celle de Paris. Dans le cas contraire, la Catalogne n'aurait probablement pas pu renouveler le 3 juin 2013 son partenariat de 2006 avec l'Unesco pour participer à certaines de ses activités sous la tutelle de l'Espagne.

Ce rôle de plaidoyer pour le droit à décider fut confié à l'organisme public-privé Diplocat, le Conseil de diplomatie publique de Catalogne, créé en 2013 à Barcelone par Artur Mas. Comme mentionné précédemment, Diplocat organisa entre juin 2013 et octobre 2017 une vaste série de conférences dans de prestigieux établissements d'enseignement supérieur sur le thème du droit de décider. Les intervenants étaient prioritairement des universitaires, catalans et étrangers, plutôt que des élus ou responsables politiques catalans.

La première eut lieu le 7 juin 2013 à l'Institut d'études politiques de Paris, et s'intitulait : "La loi au service des peuples : le droit de décider de la Catalogne". Ce titre est d'autant plus significatif que plusieurs conférences ultérieures de Diplocat obéirent à ce même angle juridique pour présenter des actes fondamentalement politiques. Car les intervenants catalans de ces conférences organisées à Paris, Londres, Uppsala, Séville, Toulouse, Lisbonne, Osaka, Tokyo, Utrecht, Saint-Jacques-de-Compostelle, Oslo, Genève, Amsterdam, Reykjavik, Berlin, Rome, Vienne ou Stockholm défendaient non seulement l'organisation d'un référendum d'autodétermination en Catalogne, mais aussi l'indépendance elle-même. S'ils ne consultaient pas d'autres sources d'information, les auditeurs de ces conférences pouvaient en déduire à tort que tous les Catalans soutenaient l'indépendance. Les intervenants catalans allant à l'étranger transmettre leur vision du conflit en cours ne peuvent tenir pour acquis que leur public ne sait rien ou presque de la Catalogne avant de les entendre. Difficile toutefois de mesurer l'impact concret de ces événements sur les grandes forces politiques des pays hôtes. Les intervenants étrangers apportèrent progressivement plus de nuances et de contradictions. Il reste que les propos des intervenants catalans étaient pleinement cohérents et conformes à la ligne diplomatique fixée par les présidents Mas et Puigdemont, et Madrid exprima via ses ambassades son hostilité croissante à ces conférences. Le décret royal du 27 octobre 2017, appliquant l'article 155 à la Catalogne, supprima toutes ses délégations à l'étranger, sauf celle de Bruxelles ainsi que Diplocat. Mais là encore, le gouvernement catalan avait déployé d'autres démarches.

L'une d'elles est également pratiquée par Madrid, et insupporte de plus en plus les correspondants de médias étrangers en Espagne. Alors que ces journalistes qui connaissant bien le terrain, pour y travailler en permanence, se voient fréquemment refuser des demandes d'interviews, les dirigeants politiques qu'ils ont sollicités invitent tout aussi fréquemment de grandes plumes parmi les mêmes rédactions à des voyages de presse tous frais payés, pour qu'après des visites et interviews très encadrées, ces journalistes prestigieux puissent relayer leur vision du conflit, et non les diverses positions qu'elle suscite.

Un autre fer de lance consista, pour le gouvernement catalan, à recourir à des agences privées de relations publiques internationales. Artur Mas engagea ainsi en 2013 le cabinet Independent Diplomat basé à Londres pour seconder son action diplomatique. Créé par Carne Ross, un ancien membre du cabinet de Tony Blair ayant démissionné contre l'engagement du Royaume-Uni dans la deuxième guerre d'Irak, il compte plusieurs anciens ambassadeurs. Sa page Web indique qu'il conseille les groupes politiques, organisations internationales, ONG, et gouvernements tels que le Kosovo, les îles Marshall, la Moldavie ou encore le Soudan du Sud, avant son indépendance et jusqu'à janvier 2014. Le cabinet Independent Diplomat se présente officiellement comme sans but lucratif.

Mais nous avons obtenu confirmation qu'Artur Mas avait bien payé pour ses services. *El País* a avancé à ce propos une somme de 720 000 euros pour l'année 2014.

Lorsque le membre d'Independent Diplomat chargé du dossier Catalogne, un diplomate britannique chevronné, demanda à nous voir l'été 2014, nous pûmes recueillir au préalable ces quelques mots de l'ambassadeur de France en Espagne, à l'époque Jérôme Bonnafont, le 24 juillet 2014 : "1o) Aucune raison pour la France d'aider le gouvernement catalan à monter une campagne internationale. 2o) Cela n'empêche nullement de multiples coopérations entre la *Generalitat* de Catalunya et l'ambassade de France. 3o) La position de la France est claire, connue de la *Generalitat* de Catalunya, et n'a pas changé." Tout indique que ce positionnement de 2014 reste valable.

Après Independent Diplomat en 2013, le gouvernement catalan semble avoir sollicité en 2017 une autre agence de relations publiques s'adressant aux gouvernements, l'Américaine SGR qui dépend du cabinet de relations publiques Sphere.

À toutes ces démarches officielles ou non du gouvernement catalan, qui ont souvent des équivalents de la part du gouvernement espagnol, s'ajoute l'action associative ou individuelle, également multiforme, dont le Web est un levier majeur. Ces démarches, qu'il serait vain d'énumérer, semblent guidées par un slogan de l'ANC et d'*Òmnium cultural* de 2014 : *"El món ens mira"* ("Le monde nous regarde"). Il s'agit à la fois d'une conviction et d'un objectif constant des indépendantistes catalans : diffuser la revendication d'indépendance tous azimuts et par tous les moyens ne peut que renforcer cette cause, et toute action en faveur de la sécession doit conforter cette image mondiale. C'est pourtant une illusion : connaître ce mouvement ne pousse pas mécaniquement à le soutenir.

Ainsi, l'ouvrage *Catalonia calling, ce que le monde doit savoir* [PUJOL, 2013] signé par la rédaction du magazine culturel catalan *Sàpiens* dans le cadre du Tricentenaire de la chute de Barcelone, fut envoyé début 2014 grâce à une souscription en ligne à 10 000 grandes personnalités et institutions du monde entier. Outre la bibliothèque du Congrès des États-Unis, Nelson Mandela, le Dalaï-lama, Aung San Suu Kyi, la reine Elisabeth II, Barack Obama, le pape François, Ban Ki-Moon, son prédécesseur Kofi Annan, le président bolivien Evo Morales, le réalisateur Steven Spielberg, l'actrice Susan Sarandon, entre autres, reçurent chacun ce plaidoyer richement illustré présentant la trajectoire historique de la Catalogne et les principaux arguments du droit de décider, avec de nombreux chiffres pour les étayer. L'envoi était accompagné d'un DVD sur la chaîne humaine pro-indépendance du 11 septembre 2013 en Catalogne. Or, très vite, trois des cinq universitaires étrangers interviewés dans l'ouvrage, les historiens Pedro Cardim, Christopher Storrs et Friedrich Edelmayer, dénoncèrent l'utilisation faite de leurs propos dans une publication unilatéralement indépendantiste. Pedro Cardim annula ensuite sa participation à un colloque de l'Institut d'études catalanes*, l'équivalent catalan de l'Académie française, organisé dans le cadre des célébrations du Tricentenaire. L'historien catalan Oriol Junqueras, leader d'ERC et futur vice-président catalan, prononça le discours de clôture de ce même colloque.

Multiplier ainsi les démarches pour défendre le projet d'État peut suggérer une confiance limitée en chacune d'elles, mais elles produisent un même résultat : donner à voir un peuple uni vers une indépendance juste, inéluctable, et imminente. L'ancien président du Parlement européen Josep Borrell, figure de l'opposition à l'indépendantisme, juge que les adversaires de la sécession ont perdu la bataille de communication, faute de l'avoir engagée plus tôt et ensemble [*La Voz de Galicia*, 16 avril 2018]. Pourtant, la communication élaborée des partisans d'un État a parfois des failles.

Depuis 2012, nous nous sommes habitués comme observateurs étrangers à ce que chaque événement catalan, quelle qu'en soit la nature, donne lieu à une marée de drapeaux catalans, voire d'emblèmes indépendantistes. Cela reste pourtant une construction, tout comme les murs parsemés de logos lors des conférences de presse pour que chaque image de l'orateur indique qui parle et d'où. Nous avons eu un exemple saisissant de cette construction après les attentats djihadistes qui ont frappé l'Espagne à Barcelone et Cambrils les 17 et 18 août 2017, tuant 16 personnes et en blessant 155 autres. Une très vaste marche de soutien aux victimes et de dénonciation du terrorisme eut lieu samedi 26 août 2017 à Barcelone devant les caméras du monde entier. Le cortège officiel réunissait le roi Felipe VI, sifflé par certains manifestants, les présidents Rajoy et Puigdemont, la maire de Barcelone Ada Colau et des dirigeants et élus de toute l'Espagne. Un autre cortège, ouvert par des représentants des policiers et secouristes venus en aide aux victimes, différait du premier par l'abondance des bannières indépendantistes dans les premiers rangs. Mais les plans larges et vues aériennes du même cortège révélèrent que ces symboles étaient minoritaires parmi les participants.

Surtout, une autre marche d'hommage aux victimes eut lieu la veille, vendredi 25 août 2017 à Cambrils. Elle était ouverte par des dirigeants politiques de premier plan, comme le vice-président Oriol Junqueras, la présidente du Parlement catalan Carme Forcadell, ou le secrétaire général du PSOE* Pedro Sánchez. Les médias audiovisuels internationaux n'ont pas couvert cette manifestation, dont les participants ne portaient aucun drapeau ni symbole politique, mais la seule banderole *"Tots som Cambrils"* ("Nous sommes tous Cambrils"). Pour tous, comme pour la majorité des participants au rassemblement barcelonais du lendemain, seul comptait le soutien à des victimes de 34 nationalités différentes.

2017 : UNE INDÉPENDANCE POUR RIEN ?

Les conséquences du référendum du 1er octobre 2017 sur l'indépendance

Sans que l'on sache pourquoi, l'organisation des forces de police et de gendarmerie espagnoles déployées pour empêcher le référendum illégal du 1er octobre 2017 fut assez désastreuse, et leurs charges contre des civils désireux de voter malgré l'interdiction confortèrent devant des caméras du monde entier la vision diffusée par les indépendantistes catalans : celle d'un peuple uni qu'opprime toute l'Espagne. Pourtant, de nombreuses voix, y compris des adversaires de la sécession, dénoncèrent ces débordements, en Catalogne comme ailleurs dans le pays. Si les charges policières constituèrent un vrai choc pour les Catalans qui en furent témoins, au point de raviver chez certains le souvenir du franquisme (1939-1975), elles avaient eu des précédents, dont un très récent déjà signalé : les violences de la police autonome catalane contre les Indignés en 2011.

En outre, à l'occasion de ce vote, deux piliers du discours indépendantiste ont achevé de s'effondrer : la certitude qu'un État catalan protégerait mieux ses entreprises (jusqu'à 3000 sièges sociaux ont été déplacés hors de Catalogne depuis le référendum du 1er octobre 2017) ; et la garantie qu'une Catalogne indépendante resterait dans l'Union européenne – car si plusieurs dirigeants européens, comme le Premier ministre belge Charles Michel, s'émurent des assauts de la police, aucun ne soutint la déclaration d'indépendance.

Enfin, ces violences occultèrent les failles de l'organisation du référendum, tenu sans seuil minimal de participation, sans score minimal pour valider la victoire du "oui" et sans observation réellement neutre du scrutin et du dépouillement. Faute de légaliser un vote que la Constitution espagnole interdit, ces symboles politiques auraient manifesté, de la part du président catalan, une véritable confiance dans l'exercice démocratique et dans sa population.

Ce référendum, puis la déclaration d'indépendance du 27 octobre 2017, résultent de l'alliance fragile née fin 2015 entre le PDeCAT*, ERC* et la CUP*. Seuls ces trois partis votèrent la loi catalane du 6 septembre 2017 organisant le référendum du 1er octobre, après un examen accéléré déconseillé par les juristes du Parlement catalan et dénoncé par l'opposition. Le Tribunal constitutionnel espagnol avait suspendu puis invalidé chaque loi catalane visant la sécession, dont celle du référendum et celle du 7 septembre qui prévoyait d'abroger la Constitution espagnole en Catalogne si le "oui" l'emportait. Carles Puigdemont ignora donc la justice espagnole, le gouvernement central de Mariano Rajoy et les opposants catalans à l'indépendance qui refusaient le référendum et exigeaient des élections catalanes anticipées.

Qui vota le 1er octobre 2017 ? Pas les anti-indépendance, qui boycottèrent un scrutin à leurs yeux illégitime, mais des indépendantistes et des opposants à Mariano Rajoy déterminés à défier sa politique. Les perquisitions et placements en détention provisoire de responsables catalans qu'a ordonnés la justice à partir du 20 septembre 2017 ont pu décider certains indécis à voter, et à voter "oui" pour certains d'entre eux. Mais les plus fortes participations recoupèrent largement les bastions nationalistes de la Catalogne intérieure, où la coalition indépendantiste de Carles Puigdemont avait obtenu ses meilleurs scores le 27 septembre 2015. En tout, les organisateurs du référendum, seule source disponible, revendiquent 90,18 % de "oui", 7,83 %

de “non” et 1,98 % de votes blancs sur 2,28 millions de voix comptabilisées et 770 000 bulletins saisis par la police espagnole. La participation aurait atteint 43,03 % des inscrits, malgré l’intervention physique des forces de l’ordre le jour du vote et les mesures réitérées de fermeture ou de brouillage, par Madrid, des multiples serveurs informatiques qu’avait déployés le gouvernement catalan pour contourner l’interdiction du référendum. Cet épisode fut donc également un conflit cyber assez inédit en Espagne.

Reste une question centrale : pourquoi l’Espagne a-t-elle interdit par la force un référendum comparable à ceux qu’ont autorisés pacifiquement le Canada au Québec et le Royaume-Uni en Écosse (et qui se sont soldé d’ailleurs par l’échec des indépendantistes) ? Outre les différences de culture politique entre les trois États et le fait que l’Espagne possède, contrairement au Royaume-Uni, une Constitution interdisant un tel référendum, elle présente une spécificité décisive : ni le Canada ni le Royaume-Uni ne comptent sur leur territoire un autre mouvement indépendantiste susceptible de demander immédiatement la tenue d’un référendum sur sa propre indépendance. L’Espagne, elle, doit composer au Pays basque avec un mouvement indépendantiste ancien qui a demandé, bien avant le gouvernement catalan, un référendum d’autodétermination. Nous l’avons dit, l’indépendantisme basque, qui soutient le gouvernement autonome sans y participer, a été politiquement renforcé en 2011 par l’abandon de l’action armée par l’organisation ETA. En outre, *Bildu*, le principal parti basque ouvertement indépendantiste, a pris part au cortège de la fête nationale catalane le 11 septembre 2017 à Barcelone, puis soutenu explicitement le référendum du 1er octobre 2017 ainsi que la déclaration d’indépendance qui a suivi. On le voit : la crise catalane doit être constamment envisagée dans le cadre de la géopolitique espagnole et pas sous le seul angle du bras de fer médiatique entre Barcelone et Madrid.

État des forces en Catalogne et dans toute l'Espagne après le scrutin du 21 décembre 2017

Après plusieurs mois d'une crise institutionnelle aussi grave pour l'Espagne que le putsch raté du 23 février 1981, la convocation par Madrid de nouvelles élections au Parlement catalan le 21 décembre 2017 n'a pas permis de sortir du blocage. Actuellement, la Catalogne est bien plus peuplée (7,5 millions d'habitants) que les autres communautés autonomes possédant un mouvement indépendantiste significatif, et seul son gouvernement autonome a fait de la sécession un objectif officiel – et cela, dès fin 2012 [Trépier, 2016]. Les résultats des élections du 21 décembre 2017, les troisièmes centrées sur l'indépendance depuis 2012, jettent une lumière crue sur les multiples fractures de la société catalane et suggèrent que la crise, dans ses différentes dimensions – catalane, espagnole, européenne – pourrait bien durer.

Précisons d'emblée qu'aucun des trois partis indépendantistes catalans n'est arrivé en tête du scrutin. Pour la première fois lors d'une élection au Parlement de Catalogne, un parti opposé au nationalisme catalan, *Ciudadanos*, est arrivé en tête avec 1,2 million de voix, 25 % des suffrages et 36 députés sur 135. Le parti, emmené par Inés Arrimadas, en avait obtenu 37, mais dut en céder un au Parti populaire une fois les votes extérieurs recomptés. Mais il n'est pas en état de gouverner, faute de majorité absolue – il lui faudrait détenir 68 sièges – et d'alliés suffisants pour l'atteindre. En effet, le soutien du Parti populaire (celui de Mariano Rajoy, au pouvoir à Madrid), laminé, n'aurait ajouté que 4 sièges aux siens. Quant aux socialistes du PSC (18 sièges) et aux alliés catalans de *Podemos* (8), deux partis eux aussi hostiles à l'indépendance, ils ont exclu de s'allier à *Ciudadanos.* De toute façon, une telle coalition ne disposerait pas, non plus, de la majorité absolue, puisqu'elle ne cumulerait que 62 sièges.

C'est ainsi que, au lendemain du 21 décembre, les indépendantistes semblaient, eux, à même de former un nouveau gouvernement, puisque leurs trois formations réunissaient 70 députés sur 135 sièges. *Junts pel Cat* (Ensemble pour la Catalogne), la liste de l'ex-président Carles Puigdemont, a obtenu 34 députés ; ERC (Gauche républicaine de Catalogne, parti de l'ex-vice-président Oriol Junqueras), 32 députés ; et la CUP (Candidature d'unité populaire, parti indépendantiste d'extrême gauche), 4 députés.

Mais l'arithmétique ne dit pas tout : 3 des 70 élus, dont Oriol Junqueras, étaient en détention préventive lors du scrutin, et 5 autres, dont Carles Puigdemont, en fuite à Bruxelles. En attendant une éventuelle normalisation de la situation de ces huit personnalités, seuls 62 élus indépendantistes étaient donc en mesure de siéger – alors que, répétons-le, il faut 68 sièges pour détenir la majorité absolue. La situation restait bloquée au lendemain du scrutin, car l'immunité parlementaire exige que l'élu puisse prendre possession de son mandat et qu'il dispose donc d'une entière liberté de mouvement.

Reste que les indépendantistes, qui ont récolté 47,7 % des suffrages, ont probablement les moyens d'engager de nouveau la confrontation avec Madrid, faute de pouvoir réellement bâtir un État. Mais leurs dirigeants ne semblent pas tenir compte du fait que 52 % des électeurs, soit 2,3 millions de Catalans, ont choisi des partis opposés à l'indépendance. En tout cas, une chose est sûre : Mariano Rajoy semble avoir sous-estimé la détermination de ses adversaires.

Ni Puigdemont ni Rajoy

Le score du PP est une gifle pour le chef du gouvernement espagnol. Avec quatre députés seulement contre onze en 2015, le premier parti du pays perd son groupe au Parlement catalan, qui plus est lors d'un scrutin qu'il a lui-même organisé !

Ce revers inouï fragilise Mariano Rajoy au sein du PP et à l'échelle de l'Espagne, car *Ciudadanos* entend succéder au PP après avoir voté l'investiture de Rajoy fin 2016. En Catalogne, cette élection confirme qu'il n'incarne pas plus les anti-indépendance que Carles Puigdemont n'incarne chaque Catalan. C'est pourquoi la colère envers Rajoy en Catalogne dépasse de loin les indépendantistes. Leurs adversaires n'oublient pas davantage l'effet des mesures d'austérité que le chef du gouvernement a prises depuis 2011, l'ampleur des scandales touchant le PP, ou le fait qu'il fut, en juillet 2017, le premier chef du gouvernement espagnol en exercice à devoir témoigner dans un procès : l'affaire Gürtel, procès-fleuve sur un réseau de corruption impliquant le PP, instruite depuis 2009. On l'a compris, avant sa défaite électorale en Catalogne, Mariano Rajoy y avait déjà perdu la bataille de l'image.

L'affirmation d'une souveraineté catalane, un leitmotiv indépendantiste

Officiellement, Carles Puigdemont briguait le 21 décembre dernier non pas sa réélection, mais sa "restitution comme 130e président de la *Generalitat**". Par ces mots, non seulement il dénonçait sa destitution par Madrid le 27 octobre, mais il revendiquait, classiquement, une souveraineté catalane propre. Il avançait pour cela, en premier lieu, l'existence dans le cadre de la couronne d'Aragon* d'un Parlement à Barcelone dès 1283, les Corts, représentant le clergé, la noblesse et les villes royales ; et en second lieu, une institution de gouvernement catalan créée dès 1359, la *Generalitat* de Catalogne, dont il se présente, répétons-le, comme le 130e président. Après la chute de Barcelone le 11 septembre 1714, le roi d'Espagne Philippe V abolit les institutions de gouvernement catalanes par le décret de *Nueva Planta** de 1716 (voir à ce sujet la première partie de cet ouvrage).

Carles Puigdemont reprend ici à son compte un discours martelé dans l'enseignement et les médias publics catalans depuis des décennies, qui affirme l'antériorité démocratique de la Catalogne par rapport à l'Espagne, et stipule que la première a sa propre souveraineté, sans rien devoir à l'ordre juridique espagnol, notamment à la Constitution espagnole de 1978. Dans cette conception idéologique de l'histoire qui altère inévitablement la coexistence entre Catalans aux opinions diverses [Trépier, 2017], la Catalogne subit depuis des siècles les agressions de l'Espagne. Fin 2013, les grandes célébrations du Tricentenaire de la chute de Barcelone ont nettement contribué à favoriser les discours essentialistes faisant des Catalans un peuple uni, engagé dans une lutte pluriséculaire contre l'Espagne pour reprendre sa liberté [v. Documents]. Le symposium "L'Espagne contre la Catalogne : un regard historique (1714-2014)" organisé du 12 au 14 décembre 2013 à l'Institut d'études catalanes de Barcelone en fut un exemple emblématique.

Envisager l'Histoire catalane sur un temps plus long invite à rapprocher la déclaration d'indépendance suspendue de Carles Puigdemont de celle de son prédécesseur Francesc Macià* en 1931. Aucune ne créa un État, mais ces deux proclamations montrent que pour les dirigeants indépendantistes, affirmer inlassablement aux yeux du monde la souveraineté catalane peut compter autant qu'obtenir une indépendance réelle. Il s'agit, aujourd'hui encore, de défendre l'indépendance non pour son contenu, rarement débattu contradictoirement, mais pour son principe : redonner à la Catalogne des droits, ses institutions exécutives et législatives, la consécration de la langue catalane, qui était celle de la couronne d'Aragon avant 1714, et au-delà, un État – dont l'Espagne l'aurait privée.

De l'Écosse au Brexit : le rêve européen oublié ?

Une autre fracture se fait jour, au sein du camp indépendantiste cette fois, entre la foi européenne originelle et un glissement récent de certains de ses membres vers une forme d'euroscepticisme. Ces deux attitudes catalanes envers l'Europe recoupent deux modèles britanniques opposés : le référendum écossais du 18 septembre 2014 et le vote du 23 juin 2016 sur le Brexit. Dans le second référendum, la sortie de l'UE l'emporta à l'échelle du Royaume-Uni, mais 62 % des Écossais votèrent au contraire pour le maintien dans l'Union.

Depuis Romano Prodi en 2004, les présidents successifs de la Commission européenne avaient prévenu que toute région quittant un État membre de l'UE se placerait en dehors de celle-ci, et devrait suivre, pour en devenir membre, toute la procédure d'adhésion [Trépier, 2013]. À l'époque, les indépendantistes catalans assuraient que l'UE s'était déjà adaptée à des situations qu'elle n'avait pas voulues ni prévues, et ferait de même avec une Catalogne indépendante en lui épargnant la longue procédure d'adhésion.

Cette vision reflète l'illusion des partisans d'un État catalan dans l'UE d'y trouver un soutien dans leur bras de fer avec Madrid. Pourtant, Bruxelles a déjà provoqué chez eux plusieurs déceptions. L'une des premières est l'échec de Barcelone à obtenir le rang de langue officielle pour le catalan, revendication très ancienne ravivée quand des langues bien moins parlées comme le maltais devinrent langues officielles lorsque leur État rejoignit l'UE en 2004. Par ailleurs, les rudes mesures d'austérité que l'UE a préconisées en Espagne face à la crise de 2008 ont contribué à susciter une hostilité envers elle, en Catalogne comme dans l'ensemble du pays. Le discours de la CUP l'illustre bien. Mais avant même les violences du

1er octobre 2017, le référendum sur le Brexit a semblé marquer un tournant dans l'attitude de certains indépendantistes catalans envers l'UE.

Alors que ses homologues écossais s'engageaient fortement en faveur du *remain* ("rester"), le président Carles Puigdemont avouait "comprendre" ceux qui "cherchent à soutenir leur souveraineté en demandant un référendum". Lorsque le Brexit l'emporta le 23 juin 2016, il y vit "la preuve qu'on peut prendre en Europe des décisions souveraines". Plusieurs mois plus tard, dans un long entretien accordé à *Politique internationale* [Taillac, 2017], il confirmait sa propension à se référer au Brexit. Lorsque le journaliste qui l'interviewait lui fit observer : "En admettant que vous organisiez et que vous gagniez ce référendum, l'indépendance ne se produira pas au lendemain du vote", Carles Puigdemont le concéda en ces termes : "Il y aura un processus de construction de l'État, ce qui prendra du temps", avant d'ajouter : "Le Brexit ne s'est pas non plus réalisé le lendemain du vote." Or, Puigdemont aurait parfaitement pu illustrer l'idée que tout changement institutionnel exige du temps en citant l'Écosse. Le gouvernement écossais d'Alex Salmond avait prévu pour négocier l'indépendance, si le "oui" l'emportait au référendum de 2014, un délai de 18 mois, pendant lequel l'Écosse resterait britannique.

Bien plus tard, le 26 novembre 2017, depuis son refuge bruxellois, le même Carles Puigdemont, dans un entretien à une chaîne publique israélienne, fustigea l'Union européenne qu'il qualifia de "club de pays décadents, obsolescents, gouverné par quelques-uns, par surcroît très liés à des intérêts économiques de plus en plus discutables [et] dans lequel existent deux poids deux mesures". À la question "Excluez-vous un Catexit ?", Carles Puigdemont répondit : "Cette décision revient aux citoyens de Catalogne, tout comme elle devrait être librement prise par les autres citoyens d'Europe. Voulez-vous appartenir ou non à cette Union européenne ? Et à quelles conditions ? Voyons ce que dit le peuple de Catalogne." Ces propos expriment certes la colère d'un dirigeant indépendantiste devant l'absence de condamnation par l'Union européenne des violences policières du 1er octobre 2017. Mais elles rappellent également ses déclarations lors de la campagne du référendum sur le Brexit, dans un tout autre contexte, et ne peuvent donc être tenues pour circonstancielles. Dans le même temps, la Première ministre écossaise Nicola Sturgeon a témoigné une solidarité sans faille envers ses homologues catalans, et les opposants à l'indépendance utilisaient systématiquement le drapeau européen dans les grands rassemblements tenus à Barcelone et dans d'autres villes catalanes.

Il est frappant de voir certains indépendantistes jeter par-dessus bord des décennies d'engagement catalan pour l'Europe. Citons par exemple ces mots d'une universitaire membre de l'Assemblée nationale catalane (ANC) lors d'une conférence à laquelle nous avons participé à Paris le 6 décembre 2017. Assurant que "l'éventualité d'une sortie de l'UE a beaucoup été étudiée", cette militante indépendantiste expliquait que "l'Association européenne de libre-échange (AELE) pourrait assurer à une Catalogne indépendante la perspective d'un marché commun sans nécessiter l'unanimité, donc en contournant le veto espagnol" ; que "concernant la monnaie, il est possible de garder l'euro sans la permission expresse de la BCE, comme le dollar pour l'Équateur" ; et que "pour ce qui est de Schengen, c'est un sujet qu'il est possible de négocier". L'universitaire précisa immédiatement avoir exprimé "des réflexions en cours, et non des convictions", et rien n'autorise à attribuer de telles positions à chaque indépendantiste catalan. Mais le seul fait qu'une partie d'entre eux semble accepter l'idée d'un État catalan hors de l'UE donne à réfléchir.

C'est d'autant plus surprenant que l'officialisation du projet indépendantiste à Bruxelles fin 2012 semble avoir érodé le grand capital de visibilité, de crédibilité, et d'influence qu'avaient patiemment acquis les représentants catalans auprès des institutions européennes. Amadeu Altafaj, nommé délégué catalan en 2015, présentait pourtant le profil idéal, lui qui avait été porte-parole de la Commission européenne pour les Affaires économiques puis chef de cabinet d'Olli Rehn, commissaire européen aux Affaires économiques et monétaires. Mais, selon Jordi Harrison, secrétaire du groupe socialiste européen au Comité des régions [Entretien avec l'auteur, 26 mars 2018] : "Malgré la très grande compétence d'Amadeu Altafaj, la perte d'influence catalane à Bruxelles est vertigineuse. Le fait indépendantiste fait peur, ajoute-t-il, et concentrer toutes les énergies sur l'obtention d'un État a affecté la visibilité de la Catalogne." Or, ce responsable européen déplore qu'"une bonne partie de la population catalane ait cru le discours mensonger de l'élargissement interne (passer naturellement du statut de région européenne à celui d'État-membre), et ressente un sentiment d'abandon par l'Europe".

Existe-t-il un risque de guerre civile ?

Le refus de la violence armée est une autre digue de l'indépendantisme catalan. Ce principe ne peut s'appuyer sur une quelconque nature pacifique des Catalans ni sur l'histoire du territoire, ponctuée de nombreux épisodes meurtriers comme la Semaine tragique de l'été 1909 ou le conflit qui déchira la gauche catalane au cours de la Guerre civile espagnole (1936-1939) pour ne citer que deux exemples. Il repose, en revanche, sur un fait déjà souligné : aucune des tentatives d'action armée en faveur de la création d'un État catalan – EPOCA (*Exércit Popular de Catalunya*, Armée populaire catalane, 1970-1979), ou encore *Terra Lliure* (1978-1991) [Loyer, Aguerre, 2008] – ne fut soutenue par les citoyens catalans. L'ETA inspira et soutint certains de ces mouvements, mais n'épargna pas la population catalane, à l'image de l'attentat contre la grande surface Hipercor à Barcelone en 1987, qui fit 21 morts et 45 blessés. Cet attentat, le pire de l'ETA en Espagne, contribua à vacciner la population catalane contre la violence politique.

Le risque de voir la crise catalane provoquer une guerre civile ne doit pas être exagéré sous prétexte qu'au sud des Pyrénées il s'agirait d'un événement habituel, et que les Espagnols seraient, au fond, inaptes à résoudre autrement leurs oppositions. Mais ce risque existe bel et bien, dès lors qu'un gouvernement régional, des partis et mouvements politiques et associatifs, un système éducatif et des médias contribuent à assimiler l'identité catalane au désir d'indépendance et l'identité espagnole au rejet d'une telle éventualité, et à suggérer que les seconds n'ont pas vocation à rester définitivement en Catalogne. Ce risque est accru lorsque ce discours vise les plus jeunes générations de Catalans qui n'ont connu que l'autonomie, la jugent acquise et due, et ignorent le prix de la paix civile.

En guise de conclusion

La crise catalane, qui demeure ouverte au lendemain des élections que le gouvernement central a organisées et perdues avec fracas, présente donc bien plus de dimensions que l'affrontement institutionnel auquel on la réduit parfois depuis l'extérieur. Elle oppose d'abord des Catalans entre eux, embarqués dans une polarisation croissante. C'est pourquoi elle est si grave. Pour la dépasser, il faudrait que soient retissés en Catalogne les liens qui font une société, tâche beaucoup plus longue et ardue que celle qui consiste à nouer une alliance de gouvernement entre partis rivaux. Dans un discours prononcé le 29 octobre 2017 à Barcelone lors d'une grande manifestation contre l'indépendance, le philosophe Félix Ovejero, cofondateur de *Ciudadanos*, prononça ces mots : "Admettre une frontière est une résignation, une défaite de la raison et de la justice. Mais il y a pis : ériger une frontière là où il n'y en avait pas, rendre étrangers ceux qui étaient des concitoyens, leur dire qu'ils ne sont pas dignes de décider ni de partager avec nous."

Sera-t-il entendu ?

ANNEXES

DOCUMENTS

Le lecteur trouvera dans les pages suivantes une sélection de textes de différentes époques, qui l'aideront à mieux comprendre les enjeux développés dans cet ouvrage.

Mémoire des griefs – 1885

Loin de nous, Monseigneur, la prétention d'affaiblir, encore moins de porter atteinte à la glorieuse unité de la patrie espagnole ; bien au contraire, nous désirons la fortifier et la consolider : mais à cette fin, c'est à notre avis une erreur que d'étouffer et de détruire la vie des régions pour la remplacer par celle du centre ; nous croyons en revanche qu'il est convenable et juste de laisser grandir, se développer et vivre spontanément et librement les différentes provinces d'Espagne pour que de toutes les parties de l'Espagne naissent la gloire et la grandeur de la nation espagnole.

Ce que nous désirons, Monseigneur, c'est que soit implanté en Espagne un système régional correspondant à ses conditions actuelles et semblable à celui qui est pratiqué dans les glorieux empires d'Autriche-Hongrie et d'Allemagne, ainsi qu'au Royaume-Uni de la Grande-Bretagne, système déjà pratiqué en Espagne à l'époque de notre grandeur.

Nous désirons cela non seulement pour la Catalogne, mais pour toutes les provinces d'Espagne ; et si nous parlons au nom de la Catalogne, c'est parce que nous sommes Catalans et parce qu'en ces temps présents nous éprouvons comme jamais les maux que nous cause le centralisme.

Monseigneur, on nous a arraché notre système administratif, que des nations éclairées de l'Europe trouvent bon et imitent, pour le remplacer d'abord par le système castillan, et aujourd'hui par une copie imparfaite et corrompue du système français.

Il nous est impossible d'utiliser notre langue hors de nos foyers et de conversations en famille : évincée des écoles, elle le fut plus tard des emplois publics puis aussi des tribunaux, dans lesquels souvent, en dépit de leur instruction, les juges eux-mêmes ne comprennent ni les témoins ni les accusés, et réciproquement.

Et comme si cela ne suffisait pas, voici un certain temps que se trouve menacé et aujourd'hui sur le point d'être détruit avec acharnement, ou du moins corrompu, notre droit civil, base indélébile de la solide organisation morale de la famille catalane et de notre propriété, qui augmente et croît au fur et à mesure que se succèdent les générations. À force de travail et de privations sans compter, nos industriels ont créé une industrie espagnole qui en quarante ans a progressé et atteint un très haut niveau. Cette industrie est depuis quelques années l'objet d'attaques dans ses bases mêmes, et dernièrement cela s'est traduit par le traité avec la France et le projet de *modus vivendi* avec l'Angleterre.

Memorial de greuges, Doléances adressées au roi Alphonse XII par des représentants des élites économiques catalanes, 1885.

Valentí Almirall, *L'Espagne telle qu'elle est* – 1886

Nous sommes né en Catalogne, et nous y avons toutes nos affections : nous sommes donc Catalan.

La Catalogne fait partie de la péninsule, car elle est séparée de la France par la barrière des Pyrénées, et, pour cette raison, géographiquement parlant, la Catalogne doit être espagnole. En outre, les relations soutenues durant des siècles avec toutes les autres régions de l'Espagne ont créé des liens d'intérêt et d'affection réciproques tels, qu'il serait presque impossible de les rompre. L'industrie manufacturière catalane est presque la seule qui existe dans la nation ; elle a son marché naturel dans les contrées agricoles espagnoles, qui fournissent à leur tour la Catalogne de ce qu'elle ne produit pas, et utilisent son commerce pour écouler le trop-plein de leurs produits.

L'affection qui unit les diverses régions espagnoles est si solide, la réciprocité des intérêts si forte, que ces sentiments n'ont jamais pu être diminués ou ébranlés, ni par les mesures émanées du pouvoir central dont les Catalans ont été les victimes, de même que quelques autres contrées espagnoles ; ni par les rivalités passagères que la manie d'unifier au bénéfice du centre a réussi quelquefois à susciter entre ces régions.

Les Catalans sont donc, en général, aussi espagnols que les habitants des autres régions de l'Espagne, et ils le sont non seulement par sentiment, mais encore par réflexion. Étant donnés et notre situation géographique et nos antécédents historiques, nous ne pouvons être qu'Espagnols : telle est l'opinion de celui qui écrit ces lignes.

Quant à notre patriotisme catalan, personne n'a le droit d'en douter, car nous en avons donné des preuves dans toutes les occasions.

Déjà, lors de la reconstitution de la patrie par l'expulsion des Maures, la Confédération catalano-aragonaise prit à cette œuvre une part aussi active que n'importe quel autre État de la péninsule.

Notre Jacques Ier est une figure historique aussi grande que la plus grande de la Castille.

D'autre part, si, lorsque l'union s'établit par le mariage d'Isabelle la Catholique et de Ferdinand d'Aragon, nous apportâmes les îles Baléares, Valence et d'autres terres et d'autres royaumes subjugués ou reconquis par nos armes, – lorsque les Maures reçurent le coup mortel à Grenade, les Aragonais-Catalans marchèrent à côté des Castillans, sous les drapeaux unis d'Aragon et de Castille.

Mais, quoique nous soyons aussi Espagnols que le reste de nos compatriotes, notre patriotisme ne nous aveugle pas, et il ne nous conseille pas de cacher que notre décadence fut aussi grande que l'avait été notre gloire.

Nous croyons, au contraire, que notre devoir nous ordonne de dévoiler cette décadence dans toute son étendue, afin que, le mal étant bien connu, il soit possible d'y remédier.

Nous sommes de ceux qui ne veulent pas céder au fanatisme, et, si une conduite funeste nous a réduits au misérable état dans lequel nous sommes plongés, nous croyons qu'un changement dans notre ligne de conduite peut encore nous relever.

Valentí Almirall*, *L'Espagne telle qu'elle est*, Introduction, Montpellier, Imprimerie centrale du Midi, 1886.

Prat de la Riba, le nationalisme catalan comme ferment de régénération espagnole – 1906

Restaurer la langue, préserver le droit, garder la richesse furent les trois fonctions essentielles du régionalisme. Ce qui se passait en Espagne, ce qui se passait dans le monde, n'était considéré qu'au regard de l'influence potentielle sur cet idéal.

Tout cela, c'était déjà du nationalisme, certes spontané, nébuleux, indéfini. Le droit à la langue catalane, le droit à la législation civile propre, étaient fondés sur les bénéfices que ces éléments produisaient, sur la difficulté de les remplacer, sur les titres de gloire du passé. Mais, peu à peu, l'étude de l'essence propre et sa comparaison avec les autres sociétés humaines donnent à la Catalogne une conscience de sa personnalité, et cette personnalité est le lieu qui fonde le droit à tous les éléments de son être national et le droit à un État propre à diriger.

Le processus nationaliste se poursuit : on n'a pas conquis l'État, ni le droit ni la langue ; nous n'avons pas atteint la plénitude de notre expansion intérieure, mais le nationalisme catalan a déjà entamé la seconde phase de tous les nationalismes, la fonction d'influence extérieure, la fonction impérialiste.

L'art, la littérature, les conceptions juridiques, l'idéal politique et économique de la Catalogne ont entamé l'œuvre extérieure, la pénétration pacifique de l'Espagne, la transfusion aux autres nationalités* espagnoles et au génie de l'État qui les gouverne.

Le point de vue économique des Catalans sur les questions de la protection douanière prévaut depuis longtemps. L'art catalan commence, comme la littérature, à irradier à travers l'Espagne tout entière. Notre pensée politique a entrepris son combat contre les conceptions dominantes, et les premiers combats laissent augurer une victoire très proche. Si l'idéal complexe qui anime toutes les énergies catalanes en une nouvelle vie intense, le nationalisme intégral de la Catalogne poursuit dans cette entreprise et parvient à réveiller, par son élan et son exemple, les forces endormies de tous les peuples d'Espagne, s'il peut inspirer à ces peuples une foi en eux-mêmes et en leur avenir, ils se relèveront de leur actuelle décadence et le nationalisme catalan aura rempli sa première mission impérialiste.

Viendra alors l'heure de travailler à rassembler tous les peuples ibériques, de Lisbonne au Rhône, au sein d'un seul État, d'un seul empire ; et si les nationalités espagnoles renaissantes savent faire triompher cet idéal, savent l'imposer comme la Prusse de Bismarck imposa l'idéal de l'impérialisme germanique, la nouvelle Iberia pourra s'élever au degré suprême d'impérialisme : elle pourra intervenir activement dans le gouvernement du monde de concert avec les autres puissances mondiales, pourra de nouveau connaître une expansion en terres barbares et servir les intérêts suprêmes de l'humanité, guidant vers la civilisation les peuples attardés ou incultes.

Enric Prat de la Riba*, *La nacionalitat catalana*, Madrid, Biblioteca Nueva, 1998 [1906].

Extraits du statut d'autonomie de la Catalogne – 1932

Art. 1. La Catalogne se constitue en région autonome au sein de l'État espagnol. Son territoire est constitué des provinces de Barcelone, Tarragone, Lérida y Gérone au moment de l'approbation de ce statut.

Art. 2. La langue catalane est, comme le castillan, langue officielle en Catalogne. Pour les relations officielles de la Catalogne avec le reste de l'Espagne, tout comme pour la communication des autorités de l'État avec la Catalogne, la langue officielle sera le castillan.

Toute disposition officielle adoptée à l'intérieur de la Catalogne devra être publiée dans les deux langues. La notification officielle se fera de la même façon, à la demande de la partie intéressée.

À l'intérieur du territoire catalan, les citoyens, quelle que soit leur langue maternelle, auront le droit de choisir la langue officielle qu'ils préféreront dans leurs relations avec les tribunaux, autorités et fonctionnaires de toutes sortes, tant de la *Generalitat* que de la République.

[...]

Art. 3. Les droits individuels sont ceux fixés par la Constitution de la République espagnole. La *Generalitat* de Catalogne ne pourra réguler aucune matière avec une différence de traitement entre les natifs et les autres Espagnols. Ces derniers n'auront jamais en Catalogne moins de droits que ceux des Catalans sur le reste du territoire de la République.

Art. 4. Au titre du régime autonome de ce statut, jouiront de la condition de Catalans : premièrement, ceux qui le sont par filiation et dont la résidence administrative n'est pas hors de Catalogne, et deuxièmement, les autres Espagnols dont la résidence administrative est à l'intérieur de la Catalogne.

Extraits du statut d'autonomie de la Catalogne adopté par la Seconde République, 1932.

Les demandes de l'Europe à l'Espagne – 1962

Le Congrès du Mouvement européen, réuni à Munich les 7 et 8 juin 1962, considère que l'intégration de tout pays en l'Europe, soit sous forme d'adhésion, soit sous forme d'association, exige de chacun d'eux des institutions démocratiques, ce qui dans le cas de l'Espagne, d'accord avec la Convention européenne des droits de l'homme et de la Charte sociale européenne, signifie :

1. L'établissement d'institutions authentiquement représentatives et démocratiques qui garantissent que le gouvernement se fonde sur le consentement de ses citoyens.
2. La garantie effective de tous les droits de la personne humaine, particulièrement ceux de liberté individuelle et d'opinion, et la suppression de la censure gouvernementale.
3. *La reconnaissance de la personnalité des différentes communautés naturelles* [souligné par nous].
4. L'exercice sur les bases démocratiques des libertés syndicales et de la défense par les travailleurs de leurs droits fondamentaux, notamment au moyen de la grève.
5. La possibilité d'organiser des courants d'opinion et des partis politiques, ainsi que le respect des droits de l'opposition.

Résolution relative à l'Espagne concernant l'intégration à la CEE, 8 juin 1962.

La Catalogne, l'Espagne, l'Europe, par Jordi Pujol – 1986

L'Espagne c'est l'Europe, mais d'une façon périphérique et d'une manière différente de ceux qui ont mis en place la CEE, qui ont élaboré la vision la plus centrale et la plus nucléaire de l'Europe. Et, justement, l'intérêt que représente pour l'Europe et pour la Communauté l'intégration de l'Espagne est sa différence, la vision différente de l'Europe qu'elle apporte. Ce peut être une bonne chose si l'Espagne ne tombe pas dans un nationalisme de la défiance et de la superbe, au final impuissant.

Le fait est que je ne suis pas venu vous parler de l'Espagne mais de la Catalogne. Pourquoi je vous parle alors de l'Espagne? Simplement pour vous dire que la Catalogne n'est pas différente. Qu'elle n'a pas une vision différente de l'Europe. Que la racine la plus profonde de la différence catalane d'avec l'Espagne, de sa vision différente de l'Europe, c'est précisément qu'à l'inverse du reste de l'Espagne, elle n'a pas de vision différente de l'Europe. La Catalogne, c'est l'Europe, au même titre que le sont les pays de l'Europe de la première Communauté économique.

Que les circonstances historiques aient introduit des jeux de masques de cette réalité première n'enlève rien à son caractère premier qui, malgré tout, a perduré jusqu'à aujourd'hui. Et comme l'histoire, loin d'être anodine, est au contraire le premier conditionnement du présent et de l'action dans le présent, cette réalité première explique en même temps le pourquoi de la situation actuelle et le pourquoi de nombre de prises de position, attitudes et actions pratiques.

La Catalogne est carolingienne. Et l'Europe des Six est carolingienne. L'Espagne dans son ensemble, au contraire, n'est pas carolingienne. L'Espagne dans son ensemble est l'héritière d'une monarchie wisigothique qui était, déjà à son époque, isolationniste par rapport à l'Europe. Que serait-il advenu si Charlemagne avait conquis Saragosse et si les Marches d'Espagne avaient incorporé tout le territoire allant des Pyrénées à l'Èbre ? Ce n'est plus le moment de concevoir des utopies. Mais le fait est que la Catalogne, dès sa naissance, se trouve dans la zone d'influence carolingienne, sur les plans religieux, culturel et, cela va sans dire, politique. Pas le reste de la péninsule. Et cela n'a pas été un champ d'action principal de la Catalogne : le rapport de vassalité – certes, seulement nominal – envers le roi de France dure jusqu'en 1258 [v. Chronologies]. Sur le plan religieux, la Catalogne a dépendu de Narbonne jusqu'au XIIe siècle. Le catalan est très proche des langues d'oc, et l'influence culturelle provençale et occitane a été très forte en Catalogne. La société catalane a été pleinement féodale entre le Xe et le XIIIe siècles, comme au nord des Pyrénées. Tels sont, donc, les éléments constitutifs de ce pays que devrait être la Catalogne qui la rattachent, pour toujours je crois, à la matrice carolingienne de l'Europe.

Jordi Pujol*, extrait de la conférence “La vocation européenne de la Catalogne”, prononcée en Sorbonne le 28 janvier 1986.

Ouverture des commémorations du Tricentenaire de la chute de Barcelone – 2014

Que défendaient à Lérida et dans toutes les villes de notre pays tous ces gens, tous ces héros, dont beaucoup perdirent la vie, jadis, en 1714 ? Ils défendaient nos constitutions. Ils défendaient nos droits et nos libertés. Ils défendaient la volonté du peuple de Catalogne de se gouverner lui-même. Ils défendaient un concept, qui était que le Gouvernement d'un pays, le pouvoir d'un pays, ne fût pas un pouvoir absolu, mais un pouvoir modéré, un pouvoir équilibré, un pouvoir où le peuple, à travers ses représentants de l'époque, eût une influence particulière.

Par des méthodes heureusement différentes, 300 ans plus tard nous défendons exactement la même chose. Les héros de 1714 défendaient alors l'auto-gouvernement de la Catalogne, la volonté du peuple catalan de se gouverner lui-même, et aujourd'hui les Catalanes et les Catalans, de façon très majoritaire, et, j'insiste, par des méthodes heureusement différentes, défendent aussi leur volonté univoque de se gouverner eux-mêmes. Les armes furent alors les baïonnettes et les fusils. Nos armes sont la démocratie, les élections et les manifestations de notre population. Des armes très puissantes aujourd'hui. Les plus puissantes qu'il y a dans les sociétés démocratiques si nous savons les utiliser de la meilleure manière possible, comme le fait en ce moment notre pays.

Discours d'Artur Mas*, président de la *Generalitat**, lors de l'ouverture des commémoration du Tricentenaire de la chute de Barcelone, Lérida, 11 janvier 2014.

BIBLIOGRAPHIE

Textes officiels

La plupart de ces documents sont consultables en ligne.

ARCHIVES CONSULAIRES DE NANTES, Fonds Barcelone, Série E, Carton 56.

ARCHIVES CONSULAIRES DE NANTES, Fonds Barcelone, Série E, Politique espagnole.

BOE [1942], *Ley de 17 de julio de 1942, de creación de las Cortes Españolas*, BOE n° 200, 17 juillet 1942, p. 5301-5303. [https://www.boe.es/buscar/gazeta.php]

BOE [1985], *Ley orgánica 6/1985, de 1 de julio, del Poder Judicial* (LOPJ), BOE n° 157, 2 juillet 1985, p. 20632-20678. [https://www.boe.es/buscar/gazeta.php]

BOE [2006], *Llei orgànica 6/2006, de 19 de juliol, de reforma de l'Estatut d'autonomia de Catalunya*, BOE n° 172, 20 juillet 2006. [https://www.boe.es/buscar/gazeta.php]

BUTLLETÍ OFICIAL DEL PARLAMENT DE CATALUNYA [1983], *Llei 7/1983, de 18 d'abril de normalització lingüística a Catalunya, Llei 1/1998 de 7 de gener, de política lingüística.*

BUTLLETÍ OFICIAL DEL PARLAMENT DE CATALUNYA [1991], *Décret 78 du 8 avril 1991* (DOGC n° 1434, 24 avril 1991), *sur l'usage de la toponymie.* [http://llengua.gencat.cat/web/.content/documents/legislacio/recull_de_normativa/toponimia_i_retolacio/arxius/tr_decret78_91_1_.pdf]

BUTLLETÍ OFICIAL DEL PARLAMENT DE CATALUNYA [2006], *Llei orgànica 6/2006, de 19 de juliol, de reforma de l'Estatut d'autonomia de Catalunya*, révisée le 18 juillet 2010. [www.parlament.cat/document/cataleg/48089.pdf]

Butlletí oficial del Parlament de Catalunya [2017], *Proposició de llei de transitorietat jurídica i fundacional de la república 202-00066/11*, bopc nº 507, 7 septembre 2017.

Comité des régions [2013], "La décentralisation dans l'Union européenne et la place de l'autonomie locale et régionale dans l'élaboration des politiques de l'ue et leur mise en œuvre", 11-12 avril 2013, 13 p.

Coromines Díaz Lluis Maria (*JxSí*), Rovira Vergé Marta (*JxSí*), Boya i Busquets Mireia (cup), Gabriel i Sabaté Ana (cup), *Propostes de resolució* nº 72032/10, Parlament de Catalunya, 27 octobre 2017.

Generalitat de Catalunya [2014], Departament de Gobernació, Administracions públiques i habitatge, *Mapa religiós de Catalunya*. [http://governacio.gencat.cat/ca/pgov_ambits_d_actuacio/pgov_afers-religiosos/pgov_serveis/pgov_mapa_religions/]

Generalitat de Catalunya [2018], Institut d'estadística de Catalunya (Idescat), *Cultura, lengua*. [https://www.idescat.cat/tema/cultu?lang=es]

Generalitat de Catalunya [s.d.], Departament de Justicia, *Tractaments protocol·laris més usuals a Catalunya*. [http://justicia.gencat.cat/web/.content/home/serveis/llenguatge_juridic/de_quines_eines_disposo/criteris_linguistics_gene/tractaments.pdf]

Llengua i República, Manifest [2016], *Per un veritable procés de normalització lingüística a la Catalunya independent*. [http://llenguairepublica.cat/manifest/]

Nuestra Bandera [1965], "Problemas de la organización del futuro Estado democrático de España", *Nuestra Bandera*, nº 44-45, mai-juin 1965.

Presidencia del Gobierno [2017], *Acuerdo en el Consejo de ministros por el que, en aplicación de lo dispuesto en el artículo 155 de la Constitución, se tiene por no atendido el requerimiento planteado por la Generalitat de Cataluña*, 21 octobre 2017.

Reglament d'ùs le la llengua catalana de l'Ajuntament de Barcelona, 2010. [http://lenguajeadministrativo.com/wp-content/uploads/2012/06/reglament-dus-de-la-llengua-catalana-ayto-bcn.pdf]

Reglament per a l'ús de la llengua catalana, Ajuntament de Cornellà de Llobregat, 2005. [http://www.cornella.cat/files/contenidos/Normativa/reglament_catala.pdf]

Síndic de greuges [2018], "El Síndic conclou que el sistema d'immersió lingüística garanteix la igualtat d'oportunitats i combat la segregació", *Noticies du Síndic de greuges*, 17 février 2018. [http://www.sindic.cat/ca/page.asp?id=53&ui=5040]

Tribunal constitucional [2010], *STC 31/2010*, 28 juin 2010, BOE nº 172, 16 juillet 2010, recurso 8045-2006. [https://boe.es/diario_boe/txt.php?id=BOE-A-2010-11409]

Tribunal superior de justícia de Catalunya [2012], Sala contenciosa administrativa, Secció cinquena : recurs ordinari nº 118/2010, sentència nº 316/2012, 23 mai 2012. [https://www.iberley.es/jurisprudencia/sentencia-administrativo-n-316-2012-tsj-cataluna-sala-contencioso-sec-5-rec-118-2010-23-05-2012-13226211]

Universitat autónoma de Barcelona [2012], transcripción del debate del 7 noviembre del 2012, "Debat independencia. Els exemples de Canadà-Quebec i de Regne Unit-Escòcia. [http://www.amicsuab.cat/portal1/images/content/web%20Independencia.pdf] ; [https://vimeo.com/53069846]

Universitat de Girona [2014], "El procés, a debat". [http://www.udg.edu/jornades/Elprocés,adebat/Programa/Debats/tabid/22213/language/ca-ES/Default.aspx]

Universitat Pompeu Fabra [2013], "La independència de Catalunya, a debat", programme et vidéo de chaque débat. [http://www.upf.edu/jornades-independencia/#.VX2iZzDtmko]

Universitat Rovira i Virgili, *Reglament d'ùs de la llengua catalana a l'URV*. [http://www.urv.cat/ca/universitat/normatives/reglament-us-catala/]

Ouvrages

ALMIRALL, Valentí [1886, édition de 1979], *Lo catalanisme*, Barcelone, Edicions 62, 260 p.

ALMIRALL, Valentí [1886], *L'Espagne telle qu'elle est*, Montpellier, Imprimerie centrale du Midi, 61 p.

ÁLVAREZ DE MIRANDA, Fernando [2013], *La España que soñé, recuerdos de un hombre de consenso*, Madrid, La Esfera de los libros, 303 p.

ARBÓS, Xavier, PUIGSEC, Antoni [1980], *Franco i l'espanyolisme*, Barcelone, Curial, 192 p.

ARDIACA, Pere [1961], *El problema nacional català*, vol. 1, Barcelone, Nous Horitzons, 75 p.

ARTOLA, Miguel (dir.) [1988], *Enciclopedia de historia de España*, Madrid, Alianza Editorial, vol. 4 (Biographies) et 5 (Dictionnaire thématique).

BADIA MARGARIT, Antoni [2004], *Moments clau de la historia de la llengua catalana*, Université de Valence, 640 p.

BARON, Nacima, LOYER, Barbara [2015], *L'Espagne en crise(s)*, Paris, Armand Colin, 268 p.

BERAMENDI, Justo, MÁIZ, Ramón (comp.) [1991], *Los nacionalismos en la España de la IIª República*, Madrid, Siglo XXI/Consello da cultura galega, 496 p.

BODIN, Jean [1576], *Les six livres de la République*, chap. II : "De la République, du mesnage et la différence entre la République & la famille". [http://gallica.bnf.fr/ark:/12148/btv1b86268103/]

BRAS, Gérard [2018], *Les voies du peuple, éléments d'une histoire conceptuelle*, Paris, Éd. Amsterdam, 354 p.

CAGIAO Y CONDE, Jorge [2014], *Tres maneras de entender el federalismo*, Madrid, Biblioteca Nueva, 253 p.

CAMBÓ, Francesc [1915], *Actuación nacionalista*, Barcelone, Publications de la *Lliga regionalista.*

CAMP-PIÉTRAIN, Edwige [2014], *L'impossible indépendance écossaise ?*, Neuilly, Atlande, 223 p.

CAMPALANS, Rafael [1932], *Hacia la España de todos (Palabras castellanas de un diputado por Cataluña)*, Barcelone, Librería Catalonia, 213 p.

CARO BAROJA, Julio [1998], *Ser o no ser vasco*, Madridca, Espasa, 338 p.

COCTEAU, Jean [1928], *Antigone*, suivi de *Les mariés de la Tour Eiffel*, Paris, Gallimard.

CORNU, Gérard [2005], *Linguistique juridique*, Paris, Montchrestien, 443 p.

COROMINES Joan [1954], *El que s'ha de saber de la llengua catalana*, Palma de Mallorca, Biblioteca Raixa, Edicions Moll, 144 p.

DEBORD, André [2000], *Aristocratie et pouvoir, le rôle du château dans la France médiévale*, Paris, Picard, 238 p.

DREVET, Jean-François [2008], *Histoire de la politique régionale de l'Union européenne*, Paris, Belin, 285 p.

DURAN I VENTOSA, Lluís [1953], *La unitat d'Europa, la unitat del món*, Barcelone, Àncora, 155 p.

FABRE, Jaume [2003], *Els que es van quedar, 1939 : Barcelona ciutat ocupada*, Barcelone, Publicacions de l'abadia de Montserrat, 365 p.

FERNÁNDEZ SEBASTIÁN, Javier, FUENTES, Juan Francisco [2002], *Diccionario político y social del siglo 19 español*, Madrid, Alianza editorial.

FERNÁNDEZ SEBASTIÁN, Javier, FUENTES, Juan Francisco [2002], *Diccionario político y social del siglo 20 español*, Madrid, Alianza editorial.

FONTANA, Josep [2014], *La formació d'una identitat. Una historia de Catalunya*, Barcelone, Eumo, 486 p.

FORTI, Steven, GONZÀLEZ I VILALTA, Arnau, UCELAY-DA CAL, Enric [2017], *El proceso separatista en Cataluña: análisis de un pasado reciente (2006-2017)*, Grenade, Comares, 325 p.

Fradera, Josep Maria [2009], *La Pàtria dels catalans, història, política, cultura*, Barcelone, La Magrana, 352 p.

Fraga Iribarne, Manuel [1987], *En busca del tiempo servido*, Barcelone, Planeta, 481 p.

Freixes, Teresa [2018], *155. Los días que estremecieron a Cataluña*, Madrid, Doña Tecla, 371 p.

Gabancho, Patricia [2010], *Crónica de la independencia*, Barcelone, Columna edicions, 280 p.

García Rovira, Anna María (éd.) [1999], *España, ¿nación de naciones?*, *Ayer*, nº 35, 206 p.

Gaudí Antoni [1982], *Manuscritos, artículos, conversaciones y dibujos*, Barcelone, Colección de arquitectura, nº 6, 128 p.

González Navarro, Francisco [1993], *España, nación de naciones*, Pamplona, eunsa, 335 p.

Granell, Francesc, Prou i Serradell, Víctor, Ferriz Miquel Àngel (dir.) [2002], *Catalunya dins la Unió Europea*, Barcelone, Edicions 62, 504 p.

Herreras, José Carlos [2006], *Lenguas y normalización en España*, Madrid, Gredos, 390 p.

Herrero de Miñon, Miguel [1993], *Memorias de estío*, Madrid, Temas de Hoy, 399 p.

Laborderie, Vincent, Parent, Nicolas (dir.) [2012], *Good morning Belgium*, Bruxelles, Mols, 211 p.

Le Roux, Patrick [2014], *Espagnes romaines, l'Empire dans ses provinces*, Presses universitaires de Rennes, 712 p.

Luca de Tena, Torcuato [1967], *Crónicas parlamentarias. Integristas y progresistas*, Madrid, Editorial Prensa española, 158 p.

Marcilhacy, David [2010], *Raza hispana. Hispanoamericanismo e imaginario nacional en la España de la Restauración*, Madrid, Centro de estudios políticos y constitucionales, 641 p.

Marfany, Joan Lluís [2017], *Nacionalisme espanyol i catalanitat. Cap a una revisió de la Renaixença*, Barcelone, Edicions 62, 960 p.

Mas Vilaseca, Eusebi [2014], *Catalans en armes, 1704-1723*, thèse de doctorat, Université autonome de Barcelone, 364 p.

Molas, Isidre [1972], *El sistema de partits polítics a Catalunya*, Barcelone, Edicions 62, 196 p.

Monedero, Juan Carlos [2011], *La Transición contada a nuestros padres*, Madrid, Catarata, 232 p.

Montesquieu [1758], *De l'esprit des lois*, XXVI, 16: "Qu'il ne faut point décider par les règles du droit civil, quand il s'agit de décider par celles du droit politique", Chicoutimi (Québec), Les classiques des sciences sociales. [http://classiques.uqac.ca/classiques/montesquieu/de_esprit_des_lois/de_esprit_des_lois_tdm.html]

Peces Barba, Gregorio [1988], *La elaboración de la Constitución de 1978*, Madrid, cec, 302 p.

Peres, Hubert, Roux, Christophe (dir.) [2016], *La démocratie espagnole. Institutions et vie politique*, Presses universitaires de Rennes, 308 p.

Prat de la Riba, Enric [1906], *La Nacionalitat catalana*, Barcelone, L'Anuari de la exportació, 128 p.

Pujol i Soley, Jordi [1976], *La inmigració, problema i esperança de Catalunya*, Barcelone, Nova Terra, 138 p.

Pujol i Soley, Jordi [1994], *Penser l'Europe depuis la Catalogne*, Barcelone, Generalitat de Catalunya, Departament de la Presidència.

Pujol i Soley, Jordi [1996], *Cataluña España*, Madrid, Espasa, 266 p.

Pujol, Claùdia (dir.) [2013], *Catalonia calling. Lo que el mundo debe saber*, Barcelone, Sàpiens, p. 74-75.

Real academia de historia [2000], *España como nación*, Barcelone, Planeta, 253 p.

Riera, Ignasi [2008], *Otra idea de Cataluña*, Barcelone, Penguin Random House, 176 p.

Riquer, Borja de [1977], *Lliga Regionalista: la burgesia catalana i el nacionalisme (1898-1904)*, Barcelone, Edicions 62, 376 p.

Roca i Junyent, Miquel [1978], “Una primera aproximación al debate constitucional”, in *La izquierda y la Constitución*, Barcelone, Taula de canvi, p. 44-45.

Roca i Junyent, Miquel [2005], “Prólogo”, in Balado, M. (dir.) [2005], *La España de las autonomías. Reflexiones 25 años después*, Madrid, Bosch, 1334 p.

Roy, Joaquín, Lorca-Susino, María (éd.) [2011], *Spain in the EU: the first twenty-five years (1986-2011)*, Université de Miami, 342 p. [http://www.as.miami.edu/eucenter/books/SPAIN-EU-25-allPDF.pdf]

Rubiol, Gloria [1995], *Josep Pallach i el reagrupament*, Barcelone, Publicacions de l’abadia de Montserrat, 429 p.

Serrahima, Maurici [1967], *Realidad de Cataluña, respuesta a Julián Marías*, Barcelone, Aymá, 156 p.

Serrano, Carlos, Zimmerman Marie-Claire (éd.) [1995], *Le discours sur la nation en Catalogne aux XIXe et XXe siècles, Actes du colloque international des 19-21 octobre 1995*, Paris, Éditions hispaniques.

Solé Puig, Carlota [1988], *Catalunya, societat receptora d’immigrants: anàlisi comparativa de dues enquestes, 1978 i 1983*, Barcelone, Institut d’études catalanes, 502 p.

Solé Tura, Jordi [1978], “La Constitución y la lucha por el socialismo”, in *La izquierda y la Constitución*, Barcelone, Taula de canvi, 236 p.

Suarez, Georges [1944], *Espagne, pont de l’Europe*, Paris, France-Empire, 139 p.

Tarradellas, Josep [1990], *“Ja sóc aquí”. Recuerdos de un retorno*, Barcelone, Planeta.

Tomás y Valiente, Francisco [1979], *Manual de historia del derecho*, Madrid, Tecnos, 630 p.

Torrance, David [2013], *The battle for Britain. Scotland and the Independence referendum*, Londres, Biteback Publishing, 384 p.

Torras i Bages, Josep [1892, édition de 1981], *La tradició catalana*, Barcelone, Edicions 62, 404 p.

Tortella, Gabriel, García Ruiz, José Luis, Núñez, Clara Eugenia, Quiroga, Gloria [2016], *Cataluña en España, Historia y mito*, Madrid, Gádir.

Trépier, Cyril [2016], Géopolitique de l'indépendantisme en Catalogne, Paris, L'Harmattan, 337 p.

Ucelay-Da Cal, Enric [2003], *El imperialismo catalán. Prat de la Riba, Cambó, D'Ors y la conquista moral de España*, Barcelone, Edhasa, 1097 p.

Uriarte, Pedro Luis [2015], *El Concierto Económico vasco : una visión personal*, autoédition. [http://www.elconciertoeconomico.com]

Vicens Vives, Jaume [1954, édition de 1960], *Notícia de Catalunya*, Barcelone, Edicions 62, 204 p.

Articles

Amat, Jordi [2018], "El país de la Normalización", *La Vanguardia*, 4 mars 2018

Aurell, Martin [1998], "Aux origines de la Catalogne : le mythe fondateur de la Maison de Barcelone dans l'historiographie du XIIe siècle", *Comptes rendus des séances de l'Académie des inscriptions et Belles-Lettres*, nº 142-1, p. 7-18.

Azoulay M., "Olóriz F., Distribution de l'indice céphalométrique en Espagne", *Bulletins de la Société d'anthropologie de Paris*, 4e série, tome 5, 1894, p. 520-525.

Baron, Nacima [2010], "'État composé' ou décomposé", *L'Espace politique*, vol. 11, nº 2. [http://espacepolitique.revues.org/1687]

Buj, Serge [2008], "Langue et nation en Catalogne. Comment la revendication identitaire catalane se construit à travers l'élaboration conflictuelle d'une terminologie officielle de l'État et de la nation", *La Tribune des langues vivantes*, nº 45, novembre 2008, p. 12-23.

Buj, Serge [2009], "Guerra de idiomas en España, Cataluña y su Estatuto", *Cahiers de civilisation espagnole contemporaine*, nº 5, automne 2009. [https://journals.openedition.org/ccec/2922]

Camp-Piétrain, Edwige [2017], "L'Écosse, le Brexit, et l'Union européenne", *Questions internationales*, nº 88, novembre-décembre 2017, p. 94-99.

Carrillo, Marc [2016], "Y Sentís se hizo franquista", *El País*, 18 août 2016.

Cordal Rodriguez, Constantino [2011], "Las comunidades autónomas en las instituciones de la Unión europea", X Congreso aecpa de Murcie. [http://www.aecpa.es/congresos/10/ponencias/380/]

Daremberg, Charles-Victor, Saglio, Edmond [1877-1919], "Dediticci", in *Dictionnaire des antiquités grecques et romaines*, tome 3, p. 49, Paris, Hachette. [http://dagr.univ-tlse2.fr/consulter/1140/DEDITICII/texte]

Deneire, Marc [2005], "La vitalité ethnolinguistique des Italiens, Portugais et Polonais dans la région nancéenne", in Paulin, Catherine (éd.), *Multiculturalisme, multilinguisme et milieu urbain*, vol. 23, Presses universitaires de Franche-Comté, Besançon, 2005, p. 61-75.

ERC Sitges [2012], "En defensa del català", *Eixdiari*, 3 mai 2012.

Esteban, Jorge de [1994], "No se ha dado hasta ahora el supuesto de que un Estado descentralizado pase a convertirse en federal", *El Mundo*, 6 décembre 1994.

Fondation Robert Schuman [2014], Entretien avec Mykola Ryabchuk, *Entretiens d'Europe*, nº 80, 24 mars 2014.

Fontana, Josep [2017], "No digo que esta sea una batalla entre buenos y malos, pero es una en la que posiblemente perdamos todos", entretien accordé à Ramòn Lobo pour *Eldiario.es*, le 27 septembre 2017.

Fradera, José María [1999], "El proyecto liberal catalán y los imperativos del doble patriotismo", in García Rovira, Anna María (éd.) [1999], *España, ¿nación de naciones?*, *Ayer*, nº 35, p. 87-100.

GALÁN, Lola [2000], "Arzallúz defiende la identidad racial de los vascos y la independencia de Euskadi", *El País*, 3 novembre 2000.

GALINDO, Mireia, VILA I MORENO, Francisco Xavier [2009], "Els factors explicatius dels usos lingüístics informals entre l'alumnat català : llengua inicial, xarxes socials, competència i llengua vehicular d'ensenyament", *Noves SL, Revista de Sociolingüística* nº 1, janvier 2009. [http://www.gencat.cat/llengua/noves/noves/hm09hivern/docs/Galindo_vila.pdf]

GALLEGO, Ferrán [2008], Entretien accordé à *Público.es*, le 17 septembre 2008.

GARCÍA, Cipriano [1976], "Movimemt obrer i qüestió nacional", *Nous Horitzons*, nº 32, p. 31-38.

GIBLIN, Béatrice [1999], "Les nationalismes régionaux en Europe", *Hérodote*, vol. 95, nº 4, p. 4-20.

GIMÉNEZ LÓPEZ, Enrique [2005], "Conflicto armado con Francia y guerra austracista en Cataluña (1719-1720)", *Hispania*, vol. 65, nº 220, p. 543-600.

GIMENO UGALDE, Esther [2008], "La evolución del régimen lingüístico del catalán en los *Estatuts d'Autonomia* catalanes", in DOPPELBAUER Max, CICHON Peter (éd.), *La España multilingüe, lenguas y políticas lingüísticas de España,* Vienne, Praesens Verlag, p. 168-193.

GRAUPERA, Jordi [2016], "Una polémica a Twitter. Resposta a Antoni Italo Moragas", blog de l'auteur. [https://jordigraupera.cat/2016/una-polemica-a-twitter-resposta-a-antoni-italo-moragas/]

GUEDIOURA, Hassen [2012], "La forte croissance de Plataforma per Catalunya : à l'aube d'un nouveau national-populisme en Espagne ?", *Hérodote*, nº 144, p. 163-181.

HIBBS-LISSORGUES, Solange [2004], "*La Veu de Montserrat* (1878-1891) y la identidad catalana", *Centros y periferias en el mundo hispánico contemporáneo : homenaje a Jacqueline Covo-Maurice*, Pessac, Pilar, p. 117-129.

Hirel-Wouts, Sophie [2015], “Cuando abdica la reina… Reflexiones sobre el papel pacificador de Petronila, reina de Aragón y condesa de Barcelona (siglo XIII)”, *e-Spania*, nº 20, février 2015. [http://journals.openedition.org/e-spania/24344]

Junqueras, Oriol [2008], “Proximitats genètiques”, *Avui*, 27 août 2008.

Krauze Enrique, “El ‘Volksgeist’ catalán”, *El Pais*, 17 octobre 2017.

Lang, Karl-Olaf, Von Ondarza, Nicolai [2012], “The return of moving borders? Secession and regional independence within the European Union”, in Lippert, B., Perthes, V., “Expect the Unexpected. Ten Situations to Keep an Eye On”, SWP Research Paper 2012/RP01, janvier 2012, p. 27-30. [http://www.swp-berlin.org/en/scientist-detail/profile/kai_olaf_lang.html]

Le Bihan, J. P. [2014], Entretien accordé à Josep Prat, “Le Bihan : Si el català no es parla als patis d’escola, no se salvarà”, *Nació digital*, 15 novembre 2014.

Loyer, Béatrice, Aguerre, Christian [2008], “Terrorisme et démocratie : les exemples basque et catalan”, *Hérodote*, nº 30, 3e trimestre 2008, p. 115-117.

Maragall Joan [1904], “Alma catalana”, *Alma española*, nº 12, Madrid, janvier 1904. [http://www.filosofia.org/hem/190/alm/ae1206.htm]

Michonneau, Stéphane [2010], “L’invention du ‘problème catalan”, Collège de France, *La vie des idées*, 2 avril 2010. [http://www.laviedesidees.fr/L-invention-du-probleme-catalan.html]

Monnet, Pierre [2014], “Nation et nations au Moyen Âge : introductions”, in *Actes du 44e congrès de la SHMESP*, Paris, Sorbonne, 356 p.

Monreal Zía, Gregorio [2002], *El presente vasco condicionado por el pasado*, Congreso de estudios vascos, *Eusko Ikaskuntza*, nº 15, p. 337-352.

Morán, Gregorio [2016], “El neofascismo lingüístico”, *La Vanguardia*, 9 avril 2016.

MORATA, Francesc [2013], "La europeización de la crisis financiera en España", in BLANCO SÍO-LOPEZ, Cristina, MUÑOZ Susana (dir.) [2013], *Itinerarios cruzados. España y el proceso de construcción europea*, Bruxelles, Peter Lang, p. 219-243.

MORATA, Francesc [2013], "Las representaciones regionales en Bruselas", *Cuadernos Manuel Giménez Abad*, nº spécial 2, p. 37-48.

ORIOL, M. [1961], "Europeisme i nacionalisme", *Nous Horitzons*, nº 4, p. 12-18.

PELLISTRANDI, Benoît [2018], "La Catalogne : une révolution antilibérale ?", *Le Débat*, 2018/1, nº 198, p. 137-144.

PUJOL, Jordi [2011], "Residuals o independents ? O alguna altra solució ?", Conférence à l'auditorium de l'idEC de l'université Pompeu Fabra, Barcelone, 29 mars 2011, 16 p. [http://www.jordipujol.cat/ca/jp/articles/9841]

REPORTEROS SIN FRONTERAS [2017], "Reporteros sin Fronteras pide respeto al libre ejercicio del periodismo en Cataluña". [www.rsf-es.org/news/informe-rsf-respectpresscat-01-12-reporteros-sin-fronteras-pide-respeto-al-libre-ejercicio-del-periodismo-en-cataluna/]

ROCA I JUNYENT, Miquel [1982], "Tratamiento de las nacionalidades y regiones en el debate sobre Comunidades Autónomas", in MARTÍNEZ CUADRADO, Miguel (dir.), *La Constitución de 1978 en la historia del constitucionalismo español*, Grenade, Mezquita, p. 158-194.

ROUSSEAU, Dominique [2014] "L'équivoque référendaire", *La Vie des idées*, 22 avril 2014.

SERRA I PUIG, Eva [2015], "El sistema constitucional català i el dret de les persones entre 1702 i 1706", *Butlletí de la Societat Catalana d'Estudis Històrics*, nº 26, Université de Barcelone, 2015, p. 47-63.

TAILLAC, Mathieu de [2017], "Catalogne : la voie de l'indépendance", entretien avec Carles Puigdemont, *Politique internationale*, nº 154, hiver 2017. [http://www.politiqueinternationale.com/]

Tomás y Valiente, Francisco [1987], "El Estado integral': nacimiento y virtualidad de una fórmula poco estudiada", in García Delgado, José Luis (coord.), *La IIª República española. El primer bienio*, Madrid, Siglo XXI, p. 379-395.

Trépier, Cyril [2013], "L'indépendance de la Catalogne, un débat européen d'abord politique", *L'Espace politique*, nº 21, 2013-3. [http://espacepolitique.revues.org/2828]

Trépier, Cyril [2016], "¿Cómo debaten ahora los catalanes del contenido de la independencia?", *Cahiers de civilisation espagnole contemporaine*, nº 16, 10 juillet 2016. [https://journals.openedition.org/ccec/6136]

Trépier, Cyril [2017], "Le débat sur l'indépendance crée-t-il une frontière entre les Catalans?", in Considère, Sylvie et Perrin, Thomas (dir.), *Frontières et représentations sociales*, Louvain-la-Neuve, Academia, p. 219-237.

Ucelay- Da Cal, Enric [2002], "Llegar a capital: Rango urbano, rivalidades interurbanas y la imaginación nacionalista en la España del siglo XX", *Fundació Rafael Campalans*, nº 137, Barcelone, 60 p. [http://www.fcampalans.cat/uploads/publicacions/pdf/paper_llegaracapital.pdf]

Ucelay-Da Cal, Enric [2014], "Catalan Nationalism, 1886-2012: An Historical Overview", *Pôle Sud*, nº 40, 2014/1, p. 13-28.

Wyssmüller, Chantal, Fibbi Rosita [2012], "Transmission d'une langue minoritaire: les pratiques langagières des jeunes de la troisième génération en Suisse", *Tranel* (*Travaux neuchâtelois de linguistique*) nº 57, p. 83-100.

CHRONOLOGIES

Les régimes politiques en Espagne, 1875-2017

1875-1923	Restauration. Monarchie* constitutionnelle.
1923-1931	Dictature militaire (général Primo de Rivera* jusqu'en 1930 puis général Berenguer puis amiral Aznar).
1931-1939	Seconde République.
1939-1975	Franquisme. Dictature.
1975-1978	Transition.
1978 à nos jours	Monarchie* constitutionnelle.

La Catalogne

722-1492	Reconquête de la péninsule Ibérique aux mains des Arabes par les différents royaumes chrétiens.
801	Prise de Barcelone par Charlemagne.
985	Barcelone aux mains des Maures.
fin du XIe	*Usages de Barcelone:* compilation de lois et usages qui sert de modèle à d'autres recueils adoptés par des villes catalanes.
1137	Mariage de Pétronille d'Aragon avec Ramón Berenguer IV. Incorporation du comté de Barcelone à la couronne d'Aragon.

1249	Mise en place de l'Inquisition dans la couronne d'Aragon.
XIIIe-XIVe siècles	Expansion aragonaise en Méditerranée (Majorque, Valence, Murcie, Sicile, Sardaigne, Grèce).
1258	Traité de Corbeil, par lequel l'Aragon renonce au Languedoc et à Toulouse, tandis que la France renonce pour sa part au Roussillon, à la Cerdagne et à Montpellier.
1265	Conseil des Cent, chargé de l'administration de Barcelone, qui siégera jusqu'en 1714.
1283	Suite à des pressions de la noblesse locale qui monnaye son soutien de l'effort de guerre, le roi d'Aragon concède le *Privilège général de l'Union* qui l'oblige à demander conseil aux trois ordres avant toute décision.
1289	Création d'un impôt général ou "généralité", dont l'administration prendra la forme d'une assemblée permanente jusqu'en 1716.
1359	Institution du rôle politique de la *Generalitat*, assemblée permanente.
1412	Compromis de Caspe : faute de successeur, le prince castillan Ferdinand de Trastamare est élu roi d'Aragon.
1469	Union de la reine de Castille Isabelle avec Ferdinand d'Aragon, chaque royaume conservant ses lois, ses institutions et sa monnaie.
1626	Le roi Philippe IV jure le respect des constitutions catalanes.
1640 (mars)	Soulèvement contre le roi Philippe IV.

1641 (janvier)	La *Generalitat* proclame une République catalane qui dure moins d'une semaine.
1644	Le roi Philippe IV jure à nouveau le respect des constitutions catalanes.
1653	Le roi signe le pardon aux Catalans en confirmant tous leurs privilèges.
1701	Philippe V arrive en Espagne. Il jure le respect des privilèges de la couronne d'Aragon.
1704-1705	Soutien de la Catalogne au rival de la couronne d'Autriche, rébellion contre Philippe V.
1707	Premier décret de *Nueva Planta*:* abolition des privilèges du royaume de Valence.
1714	Chute de Barcelone devant les troupes de Philippe V.
1716	Décret de *Nueva Planta** pour la Catalogne : abolition de la *Generalitat*, du Parlement et du Conseil des Cent.
1717	Suppression des douanes entre la Castille et l'Aragon, déplacement à la frontière avec les provinces basques.
1755	Barcelone obtient le droit de commercer avec trois places des Amériques : Saint-Domingue, Porto Rico et la Marguerite (Compagnie de commerce de Barcelone).
1788	Fin du monopole de Cadix pour le commerce avec les colonies.
1827	Guerre des mécontents, révolte paysanne.
1833-1839	Première guerre carliste, partie des provinces de l'intérieur du Pays basque et de la Catalogne.

1846-1847	Guerre des *Matiners,* en défense des usages anciens et de Dieu (deuxième guerre carliste).
1872-1876	Troisième guerre carliste.
1873	Première République fédérale. Mouvement cantonaliste.
1878	Naissance du journal *La Veu de Montserrat.*
1885	*Memorial de greuges*, mémoire des griefs, cahier de doléances [v. Documents], adressé au roi Alphonse XII.
1892	*Bases de Manresa*, programme politique catalaniste.
1901	Fondation de la *Lliga regionalista.*
1905	Des militaires saccagent les locaux de *La Veu de Catalunya* et de l'hebdomadaire satirique *¡Cu-cut!* pour offense à la patrie et à l'armée.
1906	Loi des juridictions, dont la cible implicite sont les catalanistes : toute offense à la patrie, à l'armée ou au roi passe sous juridiction militaire.
1906	Prat de la Riba* publie *La nacionalitat catalana.* Formation de Solidarité catalane, regroupement de partis qui vont de la tendance républicaine de Salmerón aux carlistes (légitimistes).
1909	Semaine tragique : grève générale à Barcelone, exactions contre des membres du clergé, répression militaire qui culmine avec l'exécution du pédagogue anarchiste Francisco Ferrer*.

1914-1923 *Mancomunitat**, première expérience d'autogouvernement de la Catalogne depuis 1716.

1917 Fondation du Parti républicain catalan.

1922 Fondation d'*Estat català*, organisation indépendantiste armée, dotée d'une organisation de jeunesse paramilitaire (*escamots*).

1923 Le général Miguel Primo de Rivera* se soulève contre les institutions depuis la garnison de Barcelone. Début d'une dictature de sept années.

1926 Le colonel Francesc Macià* tente depuis Prat de Mollo une incursion armée destinée à proclamer une République catalane. Il échoue.

1931 Fondation d'ERC, *Esquerra republicana de Catalunya*. Proclamation éphémère par Francesc Macià d'une République catalane dans le cadre d'un État fédéral (14-17 avril). Proclamation de la Seconde République.

1932 Statut d'autonomie qui confère à la Catalogne le rang de région autonome et non de nation [v. Documents].

1933

22 octobre : Défilé en uniforme de 8 000 membres des Jeunesses de l'ERC et de *Estat català* (JEREC).

24 octobre : Saccage des locaux d'*El Be Negre* par des membres de ces organisations paramilitaires pour avoir publié des caricatures les ridiculisant.

décembre : Dissolution formelle des *escamots*.

1934	Lluís Companys* proclame la République catalane indépendante, le même jour que la Commune des mineurs asturiens. Celle-ci sera réprimée dans le sang (1 000 morts, 30 000 prisonniers), tandis que les dirigeants catalans seront emprisonnés, le solde final ne dépassant pas les 100 victimes.
1936-1939	Guerre civile. Barcelone tombe en février 1939. La dernière ville à tomber est Alicante.
1939-1975	Dictature franquiste qui interdit l'usage public du catalan, réprime toute expression politique d'une nation concurrente (catalane, basque ou galicienne) ou de classe (ouvriers), mais qui ne limite pas le développement de l'industrie barcelonaise. L'opposition catalaniste se réorganise, à l'intérieur comme en exil.
1962	Le Congrès du Mouvement européen, réuni à Munich, pose comme condition à l'Espagne pour son admission à la CEE "le respect de la personnalité des différentes communautés naturelles" [v. Documents].
1977	Premières élections libres depuis février 1936. Plus d'un million de personnes défilent lors de la *Diada** du 11 septembre. Rétablissement de la *Mancomunidad**. Retour de Josep Tarradellas au cri de *"Ja sóc aquí"*.
1978	Fondation de *Convergència i Unió.*
1978	Constitution de la monarchie espagnole, cadre légal approuvé par plus de 90 % des Catalans (taux d'abstention : 30 %).
1979	Statut d'autonomie.

1982 LOAPA (loi organique d'harmonisation du processus autonomique), tentative de cadrage des autonomies dans un sens unificateur, abandonnée l'année suivante car jugée anticonstitutionnelle.

2003 Rédaction d'un nouveau statut d'autonomie de la Catalogne.

2006 Nouveau statut d'autonomie approuvé.

2010 Suite à une requête du Parti populaire, le statut de 2006 est annulé.

10 juillet : Manifestation de masse en faveur du "droit à décider" sous le slogan "Nous sommes une nation. Nous décidons."

Le "procès" vers l'indépendance, 2012-2017

2012

11 sept. : Défilé en faveur d'un référendum d'indépendance et d'un pacte fiscal.

25 nov. : Élections régionales anticipées. Victoire de CIU*. Feuille de route : construction d'un État souverain.

2014 (9 nov.) Premier référendum sur l'indépendance. 33 % de votants. 80 % votent "oui".

2015 (27 sept.) Nouvelles élections anticipées. Victoire de *JxSí* (*Junts pel Sí*, coalition de Convergence démocratique de Catalogne, CDC*, et d'ERC, Gauche républicaine de Catalogne) avec 39,6 % des voix et 62 sièges au Parlement catalan (sur un total de 135).

2016 (9 janvier) La CUP* apporte 10 députés à la coalition, ce qui lui offre une majorité absolue (72 sièges sur 135) et lui permet de lancer un processus unilatéral d'indépendance.

2017

13 mars : Condamnation d'Artur Mas* pour avoir organisé le référendum de 2014.

9 juin : Annonce d'un nouveau référendum.

6 sept. : Le Parlement catalan approuve le projet de loi sur le référendum.

1er octobre : Référendum.

21 déc. : Élections anticipées au Parlement. En nombre de sièges, le résultat est similaire à celui de 2015, même si le premier parti est *Ciudadanos* et si le PP* disparaît pratiquement de l'Assemblée.

BIOGRAPHIES

Valentí Almirall (1841-1904)

Politique et publiciste fédéraliste, plus radical que Pi y Margall* dans la mesure où il défend dans les colonnes de son journal *El Estado catalán*, qu'il fonde en 1869 en pleine période postrévolutionnaire (1868), l'idée d'une Catalogne indépendante. Pendant la Restauration, il promeut le premier journal en catalan, *Diari català* (1879-1881) et convoque le premier Congrès catalaniste, qu'il préside en 1880. Très actif propagandiste, il fonde le *Centre català*, orienté vers un catalanisme par-delà les classes sociales, interdit aux militants des partis espagnols. C'est lui qui est l'inspirateur du *Memorial de greuges* de 1885 [v. Documents]. Ses idées sont recueillies dans *Lo Catalanisme* (1886) [ARTOLA, 1988].

Pere Ardiaca (1909-1986)

Dirigeant du PSUC* et du PCE, ancien député au Parlement espagnol. Fils de paysans, il a été peintre en bâtiment dans sa jeunesse. Exilé en France pour fuir le service militaire, il vivra en Languedoc quelques années. Revenu en France, il fera partie des congressistes fondateurs du PSUC en 1936, sera commissaire politique dans l'armée de la République. Après quelques années d'exil en Amérique, il rejoindra la France où il assumera des responsabilités de premier plan dans le PSUC. Opposé au dirigeant Joan Comorera*, accusé de "titisme", il participera à l'exclusion de ce dernier. Il assurera des tâches de direction dans la clandestinité à Barcelone, sera arrêté en 1962, condamné à vingt et un ans de prison et libéré en 1971. Il abandonnera le PSUC en 1982 pour créer avec d'autres dissidents orthodoxes le PCC.

Antoni Badia i Margarit (1920-2014)

Linguiste et philologue, spécialiste de la langue catalane. Il enseigne à l'université de Barcelone (UB) l'histoire de la langue espagnole et de la langue catalane. Il en sera le recteur entre 1978 et 1986. Il publiera plus tard une grammaire historique, descriptive et normative de la langue catalane, qui reste une référence dans ce domaine encore aujourd'hui.

Victor Balaguer (1824-1901)

Figure essentielle de la *Renaixença*, ce poète romantique a contribué à la promotion de la culture catalane, notamment sous la forme d'une *Historia de Catalunya* qui se veut le pendant de l'histoire de Modesto Lafuente pour la nation espagnole. Il fut directeur artistique de l'opéra de Barcelone, le *Teatro del Liceo*.

Francesc Cambó (1876-1947)

Homme d'affaires, homme politique catalan, artisan de la *Lliga regionalista* (1901) et de la coalition *Solidaridad catalana* (1906) qui regroupait toutes les tendances politiques autour d'un projet national. Son idée est de défendre les intérêts catalans en Espagne et les intérêts espagnols en Catalogne. Ministre du Développement en 1918, puis des Finances de 1921 à 1922, date à laquelle il fait adopter un règlement douanier protectionniste qui demeure en vigueur jusqu'en 1960. Son catalanisme passe après la défense de l'ordre social, ce qui lui vaut les critiques des jeunesses catalanistes et le conduit à soutenir Franco lors de son coup d'État de 1936. Détenteur d'une grande fortune personnelle, il la met au service du général.

Joan Comorera (1894-1958)

Homme politique catalan. Instituteur de formation, il a appartenu à sa fondation au Parti républicain catalan aux côtés de Lluís Companys*. Après quelques années d'exil en Argentine pendant la dictature de Primo de Rivera*, il reviendra à Barcelone en 1931 pour adhérer à l'Union socialiste de Catalogne dont il deviendra le secrétaire général en 1932. Conseiller chargé de l'économie et de l'agriculture, il participera au gouvernement catalan élu en 1934 sous la présidence de Lluís Companys. Emprisonné après les faits de 1934, il sera libéré en 1936 et rétabli dans ses fonctions. En juillet 1936, son parti fusionnera avec d'autres petits partis de la gauche communiste et socialiste catalane, pour créer le Parti socialiste unifié de Catalogne, parti affilié à la IIIe Internationale. Il en devint le premier secrétaire général. Accusé de "titisme", il en fut exclu en 1949. Il retourna clandestinement en Espagne l'année suivante. Très isolé, il tenta de poursuivre une activité de propagande communiste à Barcelone. Arrêté par la police en 1954, il fut condamné à trente ans de prison et mourut à Burgos en 1958 dans la prison centrale, où étaient détenus un bon nombre d'activistes politiques espagnols.

Lluís Companys (1882-1940)

Militant républicain dans sa jeunesse, journaliste et pédagogue, il développe une activité politique comme conseiller municipal de Barcelone (1917) et une activité syndicale qui lui vaut l'emprisonnement en 1920. Élu député de Sabadell, faubourg de Barcelone, en 1921, il fonde cette année-là l'*Unió de Rabassaires* (le *rabassaire* est un cultivateur de vignes qui jouit des terres jusqu'à la mort du pied de vigne, et qui est donc de fait un semi-propriétaire). C'est en 1931 qu'il développe une activité catalaniste ouverte, en créant en 1931 la Gauche républicaine de Catalogne (ERC), assumant le gouvernement civil de Barcelone, puis une charge de député pour ce parti. Son rôle dans la proclamation unilatérale d'une République catalane le 6 octobre 1934 en tant que président de la *Generalitat** lui vaut une condamnation à trente ans d'emprisonnement dans une prison andalouse, mais le Front populaire, élu en février 1936, met fin à sa peine. Réélu député, il assume de nouveau la présidence de la *Generalitat* jusqu'à son exil forcé en France, pays dont les autorités le livrent à Franco, lequel le fait fusiller en 1940.

Joan Coromines (1905-1997)

Linguiste né à Barcelone. Exilé en France puis en Suisse, après avoir séjourné en Argentine, il s'installera aux États-Unis, il sera nommé à la chaire de linguistique romane de l'université de Chicago en 1948. Il est l'auteur du *Dictionnaire étymologique de la langue catalane* et du très réputé *Diccionario crítico etimológico de la lengua castellana.* Peu de temps avant son décès, il créera la Fondation Pere Coromines d'études philosophiques, historiques, littéraires et de recherche linguistique (FPC), en lui donnant le nom de son père, avocat et essayiste.

Pompeu Fabra (1868-1948)

Linguiste et philologue né à Barcelone dans le quartier de Gràcia. Il est l'acteur essentiel de la normalisation orthographique et lexicale du catalan moderne. Il sera nommé en 1932 à la chaire de langue catalane de l'université de Barcelone sur travaux. Il mourra en exil en Roussillon. Ses publications fondamentales sont un compendium de *Normes orthographiques* publié en 1913, un *Dictionnaire orthographique* publié en 1917, une *Grammaire du catalan* en 1918 et le *Dictionnaire général de la langue catalane* (1932) qui porte son nom. Une université barcelonaise créée en 1990 porte aussi son patronyme.

Francisco Ferrer (1859-1909)

Républicain fédéral dans ses jeunes années, il milite par la suite chez les libres-penseurs et les anarchistes, collaborant avec les publications *La Tierra* et *Tierra y libertad*. Fondateur de l'École moderne à Barcelone, il développe une pédagogie rationaliste et laïque, ce qui contribue à la modernisation de l'enseignement en Espagne. Accusé d'être l'instigateur de la Semaine tragique de 1909, au cours de laquelle la grève générale correspond à une violence anticléricale extrême, mais surtout à une répression militaire sans merci, il est fusillé dans la forteresse de Montjuich (Barcelone) après un procès expéditif mené par des militaires.

Francesc Macià (1859-1933)

Ingénieur militaire, qui rejoint *Solidaridad catalana* en 1906 et se fait élire député en son nom, en même temps qu'il démissionne de l'armée. Il quitte son siège parlementaire peu après. En 1917, lorsque les parlementaires catalans demandent une autonomie élargie, il propose de transformer cette assemblée en Convention. 1922 est l'année de fondation d'*Estat català*, formation de jeunesses catalanistes appelée à se militariser, qui lui survivra. Exilé sous la dictature de Primo de Rivera*, il mijote une incursion militaire depuis la France en vue de l'instauration d'une République catalane, mais se fait cueillir à la frontière avant d'avoir pu faire quoi que ce soit. En 1931, il rejoint Lluís Companys* au sein d'*Estat català*, et assume la présidence de la *Generalitat* jusqu'à son décès en 1933 [Artola, 1988].

Joan Maragall (1860-1911)

Issu d'une famille de la bourgeoisie textile, il s'oriente vers le droit et la littérature, cultivant une posture vitaliste fin-de-siècle, en rejet du romantisme qui caractérise un Balaguer*. Il publie ses écrits dans la presse (*El Diario de Barcelona*) et sous forme d'ouvrages (*Visions y cants*, 1900 ; *Elogio de la poesía*, 1903 ; *Sequencies*, 1911).

Artur Mas (1956–)

Il est né à Barcelone au sein d'une famille d'entrepreneurs. Licencié en économie et gestion des entreprises, il entre en politique en adhérant à CIU*. À partir de 1995, il entre au Parlement catalan. Il est désigné comme successeur de Jordi Pujol* et se porte candidat à la présidence de la Généralité en 2003. Bien que son parti, nouvellement baptisé CDC*, ait recueilli le plus grand nombre de sièges, il échoue. Il participera avec son groupe à l'élaboration du nouveau statut approuvé en 2006. Mis en échec une fois de plus la même année, il radicalisera la politique de son parti, lui donnant une inflexion plus nettement indépendantiste. En 2010, il sera élu président de la Généralité pour deux mandats consécutifs. Il convoquera le premier référendum sur l'indépendance en novembre 2014 et sera à l'initiative de la coalition *JuntsxSí** (CDC* et ERC*) qui défendra le "oui" à l'indépendance et gagnera les élections de 2014. Mais sa candidature à la présidence de la Généralité sera rejetée par la CUP*, qui acceptera une nouvelle candidature, celle de Carles Puigdemont*. Il est mis en examen depuis 2015 pour différents délits dont celui d'abus de biens publics et de financement illégal.

Andreu Nin (1892-1937)

Initialement proche des milieux républicains catalans, il rejoint la Confédération nationale du travail (CNT) peu après sa création, en 1913, avant d'en devenir quelques mois secrétaire et de partir comme délégué en Russie soviétique, où il demeure jusqu'à son expulsion en 1929, nouant un solide lien avec Trotsky. De retour en Espagne, il fonde en 1930 la Gauche communiste d'Espagne, concurrent du PCE né en 1921. La controverse sur l'entrisme, que Nin récusait, aboutit à sa rupture en 1934 avec Trotsky, et à la fondation de son propre parti, le POUM (Parti ouvrier d'unification marxiste), fruit de la réunion de la Gauche communiste d'Espagne et du

Bloc ouvrier et paysan. Son rôle dans le soulèvement des anarchistes et poumistes contre le gouvernement républicain à Barcelone (mai 1937) lui vaut d'être fusillé.

Francisco Pi y Margall (1824-1901)

Né dans une famille d'ouvriers du textile de Barcelone, il fait ses études au séminaire puis à la faculté de droit, devenant docteur en la matière à Madrid en 1847. D'abord membre du Parti démocrate au milieu du XIXe siècle, il développe ses idées politiques dans un premier ouvrage, *La reacción y la revolución* (1854). Le changement de gouvernement de 1856 l'oblige à l'exil en France, où il traduit l'œuvre de Proudhon. Sa conception du principe fédératif repose sur les pactes, amenés à remplacer le concept d'autorité. Dans *Las Nacionalidades* (1877), il développe sa théorie des nationalités*.

La période 1868-1874, qui s'ouvre sur une révolution renversant la reine Isabelle II, est l'occasion d'essais progressistes en matière politique. Pi y Margall est député aux Cortes constituantes, puis, sous la Première République, ministre de l'Intérieur du gouvernement Figueras puis chef du gouvernement pour cinq semaines, temps qui ne sera pas suffisant pour mettre à exécution son ambitieux projet d'une société laïque, faite de justice sociale (il défend la journée de 9 heures et la régulation du travail des enfants, souhaite des instances paritaires entre patrons et ouvriers) et fondé sur un régime d'autonomies locales. Dépassé sur sa gauche par les communes libres du levant, il démissionne, se retire dix ans de la politique pour y replonger en tant que député de Figueras de 1884 à 1895 [Artola, 1988]. Selon Fernández Sebastián et Fuentes [2002], Pi y Margall "interprète le fédéralisme sous l'angle social, comme un instrument au service de l'émancipation des plus défavorisés et de l'élimination des éléments traditionnellement les plus injustes et les plus impopulaires de l'ordre social en vigueur".

Enric Prat de la Riba (1870-1917)

Il assume dans les années 1890 des responsabilités dans les cercles catalanistes, comme le *Centro escolar catalanista*, puis l'Union catalaniste. Après un bref retrait des affaires politiques, il assume la charge de secrétaire d'Almirall* à l'Athénée barcelonais et dirige *La Veu de Catalunya* à sa création en 1899. Il est l'organisateur de la *Lliga regionalista*, fondée en 1901 et l'auteur en 1906 du projet de *Mancomunidad** qui sera établie en 1914. Son ouvrage majeur, compendium de la doctrine catalaniste, est *La nationalité catalane* (1906, non traduit en français).

Miguel Primo de Rivera (1870-1930)

Issu d'une famille de libéraux andalous, de fraîche noblesse, ce général assume la dictature militaire de 1923 à 1930.

Carles Puigdemont (1962–)

Fils et petit-fils de pâtissiers né à Amer, il abandonne ses études de philologie catalane pour devenir journaliste dans la presse locale. Il adhère à CDC* en 1983. Tête de liste aux élections municipales de Gérone en 2007, élections perdues. À sa seconde tentative, en 2011, il sera élu maire de la ville. Auparavant élu député au Parlement catalan en 2006, réélu en 2015 sous l'étiquette *JuntsxSí**, il sera finalement élu présidente de la Généralité grâce au désistement d'Artur Mas* et au soutien de la CUP*. Après le deuxième référendum sur l'indépendance, jugé illégal et anticonstitutionnel par les tribunaux, il proclamera l'indépendance le 10 octobre 2017 en la suspendant immédiatement. Poursuivi par la justice, il se réfugiera en Belgique. Il est actuellement réfugié en Allemagne, libéré sous caution, en attente d'une éventuelle extradition.

Jordi Pujol i Soley (1930–)

Homme politique catalan. Après des études de médecine, il a travaillé dans le milieu de l'industrie pharmaceutique puis a fondé la *Banca catalana* qui a financé de nombreux groupements associatifs catalanistes au début des années 1960, en particulier l'*Òmnium català*. Nationaliste et catholique fervent, il participera à quelques actions de résistance conte le franquisme, de type culturel et cultuel (en 1966 à l'action de protestation des milieux catholiques nationalistes connue sous le nom de "Nous voulons des évêques catalans"). En 1974, il se lance en politique en créant *Convergència democràtica de Catalunya*. Il est élu en 1977 comme député de Barcelone. Après avoir fusionné avec plusieurs petits partis démocrates-chrétiens, il crée *Convergència i Unió*, abandonne son activité bancaire et se consacre pleinement à la politique. En 1980, il est élu président de la Généralité de Catalogne, poste qu'il occupera jusqu'en 2003. Il est actuellement sous le coup d'une mise en examen pour fraude et évasion fiscale.

Rafael Ribó i Massó (1945–)

Homme politique catalan, né à Barcelone, docteur en sciences politiques et droit de l'université de Barcelone. À 18 ans il s'est engagé dans le Syndicat démocratique des étudiants de l'université de Barcelone (SDEUB). Au début des années 1970, il a fait partie de l'Assemblée de Catalogne, rassemblement politique et protestataire réunissant des personnalités d'horizons politiques variés. Membre du PSUC*, il en sera élu secrétaire général en 1986, engageant la réforme de ce parti communiste en une entité rouge et vert, *Iniciativa per Catalunya Verds* (ICV) pour ensuite prôner sa dissolution. Depuis 2004, il est le *Síndic de greuges* de Catalogne (le médiateur). Sur cette génération communiste, on lira avec profit l'ouvrage de Giaime Pala, *Cultura Clandestina : los intelectuales del PSUC bajo el franquismo*, Granada, Comares, 2016, 172 p.

Miquel Roca i Junyent (1940–)

Cet avocat du barreau de Barcelone est né en 1940 en exil en France. Il retournera en Catalogne l'année suivante. Après des études de droit, il exercera comme avocat tout en s'engageant dans le mouvement centriste catalaniste de l'UDC puis au Front ouvrier de Catalogne, agglomérat de libéraux de gauche catalans. En 1974, il participera à la fondation du CDC de Jordi Pujol*. Élu député en 1977, il prendra part à la fois à la commission rédactrice de l'avant-projet de Constitution et au projet de statut pour la Catalogne. Après quelques échecs électoraux, il abandonnera la politique pour retourner vers la profession d'avocat en créant un puissant cabinet éponyme : Roca Junyent. Il a toujours exprimé ses réticences face au processus enclenché par les indépendantistes catalans.

Jordi Solé Tura (1930-2009)

Ce professeur de droit constitutionnel est né dans un milieu très modeste à Mollet del Vallès. Il poursuit ses études de droit tout en travaillant comme boulanger. En 1956, au moment des révoltes étudiantes de Barcelone, il adhérera au PSUC*. Exilé en France, il sera l'un des cadres de ce parti avant de s'en éloigner en 1963 au moment de l'affaire Claudín-Semprún. Il créera un groupe appelé *Bandera Roja*, qui rejoindra le PSUC en 1974. Élu député en 1977, il participera à la rédaction de l'avant-projet de Constitution. Il abandonnera le PSUC en 1985 pour rejoindre le PSOE*. Il occupera le poste de ministre de la Culture entre 1991 et 1993, dans le dernier gouvernement présidé par Felipe González.

Josep Tarradellas (1899-1988)

Homme politique catalan, membre fondateur d'*Esquerra catalana* dont il fut le secrétaire général à sa création (1931). Élu député au Parlement de la Seconde République, il occupera des postes de premier plan à la Généralité de Catalogne à partir de 1932 et jusqu'à la fin de la Guerre civile, mis à part un séjour en prison entre 1934 et 1936. En 1939, il s'exile en France puis en Suisse pour ne pas être livré à l'État franquiste. Il revient en France en 1944. Dix ans plus tard, il devient le deuxième président de la Généralité en exil en succédant à Josep Irla. Il s'installe dans un petit bourg de Touraine, Saint-Martin-le-Beau, où il déploie une intense activité de représentation et de maintien symbolique de la continuité institutionnelle catalane. Il rentre d'exil en 1977, après avoir accepté du roi d'Espagne sa nomination comme président de la Généralité à titre provisoire. Il prononce à son arrivée une phrase célèbre : *"Ja sóc aquí"* ("Me voici de retour"). En 1986, il est anobli par le roi Juan Carlos, qui lui accorde le titre de marquis de Tarradellas.

Josep Torras i Bages (1846-1916)

Docteur en droit et auteur d'une thèse sur le mariage chrétien, il fut ordonné prêtre en 1871. Il publie des écrits de type théologique et en 1880, un ouvrage aux prétentions sociologiques : *Le clergé dans la société moderne*, développant quelques-uns des thèmes qui alimenteront la pensée du catholicisme social en Espagne dans la ligne de l'encyclique *De rerum novarum* (1891). En 1892, il publie *La tradició catalana*, collection d'articles publiés dans la revue *La Veu de Montserrat* à la fin des années 1880, dont l'objet premier est de mettre au centre du débat régionaliste ouvert par Pi y Margall* et Valentí Almirall* la question du rôle de l'Église catholique : "La Catalogne sera catholique ou ne sera pas." Pendant ces mêmes années, il participe à la rédaction des *Bases de Manresa*, premier manifeste nationaliste contemporain. Il est nommé évêque de Vic en 1899.

SIGLES

AMI : Association des municipalités pour l'indépendance.

ANC : *Assamblea nacional catalana* [v. Vocabulaire].

C's : *Ciutadans* ou *Ciudadanos* (Citoyens).

CDC : *Convergència democràtica de Catalunya* (Convergence démocratique de Catalogne).

CiU : *Convergència i Unió* (Convergence et Union).

CUP : *Candidatura d'unitat popular* (Candidature d'unité populaire).

ERC : *Esquerra republicana de Catalunya* (Gauche républicaine de Catalogne).

ICV : *Iniciativa per Catalunya Verds* (Initiative pour la Catalogne Verts).

JxSí ou ***JuntsxSí*** : *Junts pel Sí* (Ensemble pour le Oui).

PDeCAT : Parti démocrate européen de Catalogne.

PNV : Parti national basque.

POUM : Parti ouvrier d'unification marxiste.

PP : *Partido Popular.*

PSC : Parti des socialistes de Catalogne.

PSOE : *Partido socialista obrero español.*

PSUC : *Partido socialista unificado de Cataluña.*

VOCABULAIRE

Abbaye de Montserrat : Réformée au Moyen Âge par des moines venus de Valladolid, foyer du carlisme au XIXe siècle, puis de *La Veu de Montserrat*, ancêtre de *La Veu de Catalunya* ; sous le franquisme, foyer de la protestation contre le général Franco. Cette puissante abbaye dispose toujours de larges moyens de diffusion : les *Publications de l'abadia de Montserrat*.

ANC : L'*Assamblea nacional catalana* est une association créée en 2012, présidée jusqu'en 2015 par Carme Forcadell de l'ERC*. Depuis, elle a été élue présidente du Parlement catalan et son successeur et actuel président est le professeur associé de science politique à l'université de Barcelone Jordi Sànchez. Les statuts de l'ANC définissent ainsi les buts de l'association, plus nettement nationalistes que ceux de l'*Òmnium**: "Promouvoir la création des conditions politiques et sociales nécessaires pour asseoir les bases et constituer un État catalan propre, indépendant, État de droit, social et démocratique."

Concierto económico : Si l'État est le maître de la définition de l'assiette de l'impôt, sa collecte peut être répartie entre l'État central et la communauté autonome. Il s'agit là d'une compétence partagée. Elle est redéfinie tous les cinq ans par une négociation bilatérale. Le *concierto económico* concerne aujourd'hui le seul Pays basque et sa dernière réforme date de 2017. Ce concept est lié à celui de *cupo global* (quote-part), autrement dit de la quantité fixée par négociation de l'impôt (direct ou indirect) que le collecteur (la communauté autonome) doit reverser à l'État pour couvrir les dépenses qu'elle n'assume pas et qui lui reviennent.

Consorci per a la normalització lingüística **(CPNL)** : Il s'agit d'un service de la Généralité. Il se présente comme "un outil relevant de la volonté commune de la Généralité et de nombreuses communes, conseils cantonaux et départementaux dont l'objectif est de faciliter la connaissance, l'usage et la divulgation de la langue propre à la Catalogne dans tous les secteurs de la société. Le Consortium dispose d'une équipe spécialisée et de moyens techniques pour répondre aux besoins de formation, d'expertise ou de gestion linguistique" [http://www.cpnl.cat/transparencia/quisom.html].

Couronne d'Aragon : Fruit de l'association du royaume d'Aragon et des comtés catalans (1137).

Decretos de Nueva Planta : Décrets adoptés par le roi Philippe V en représailles à la trahison des provinces de la couronne d'Aragon, qui suppriment leurs franchises et institutions, entre 1707 et 1716. Voir aussi la Chronologie.

Diada : Le 11 septembre, anniversaire de la chute de Barcelone devant les troupes du roi Philippe V en 1714, est depuis 1976 jour de fête nationale catalane, et l'occasion d'une expression du sentiment national largement exploitée par les partis indépendantistes.

Diplocat : Abréviation de *Consell de diplomàcia pública de Catalunya.* Service de diplomatie parallèle de la Catalogne, fermé suite à l'application de l'article 155 de la Constitution espagnole en octobre 2017.

Fuero **(en français, "fors")** : Pour une ville ou une province, privilège, franchise, exemption institutionnalisée et régulièrement confirmée par les souverains.

Generalitat : Pour soutenir les efforts de guerre en Aragon et en Catalogne, est établi en 1289 un impôt, au départ exceptionnel, sur les entrées et sorties de certaines marchandises, que l'on appelle "droits du général" ou "généralités". Personne n'en était exempt ; ni la noblesse ni le clergé n'y échappaient. Au XIVe siècle, cette contribution devient permanente. Le mot "généralité" désigne non seulement le prélèvement mais aussi l'instance chargée de l'administrer. Elle prend aussi un rôle politique et judiciaire à partir de 1359, avec quatre fonctions principales : défendre les intérêts politiques des trois bras (clergé, noblesse et bourgeois) ; nommer des commissions de collecte de fonds pour les guerres ; rendre la justice ; percevoir et gérer les "droits du général". Mais bientôt cette dernière attribution se trouve affermée, ce qui renforce le rôle politique et judiciaire de la Généralité [ARTOLA, 1988]. Philippe V la suspend en 1716 ; elle est rétablie en 1932 sous la Seconde République, supprimée en 1939 par Franco et de nouveau rétablie en 1979 en tant que gouvernement de la Catalogne.

Groupe Koiné : Associé à la plateforme Langue et République (http://llenguairepublica.cat/) créée en mars 2016 dans le but de diffuser "une nouvelle conscience sociolinguistique fondée sur la réalité", il s'agit d'un groupe fermé composé d'enseignants de tous niveaux, de traducteurs, de journalistes et de personnes liées au milieu de l'édition. Le Groupe Koiné est l'auteur collectif du manifeste *Pour un véritable processus de normalisation linguistique*, publié le 31 mars 2016, qui prône le monolinguisme institutionnel dans une Catalogne indépendante.

Institut d'études catalanes : Fondé par Prat de la Riba* en 1907, il avait disparu du paysage universitaire barcelonais en 1939, ses locaux ayant été réquisitionnés par la municipalité franquiste. À partir de 1942, les membres de l'Institut poursuivirent sa tâche dans la clandestinité jusqu'à ce qu'en 1962, grâce notamment à l'*Òmnium català*, il retrouve une certaine visibilité. Ce fut l'un des lieux d'une forme de résistance culturelle intérieure dont l'objet était la défense et l'étude de la langue catalane.

***Jocs Florals* (Jeux floraux)** : Cette manifestation littéraire, qui s'inspire des joutes de troubadours toulousains du Moyen Âge, a été ressuscitée à Barcelone en 1859 par des cercles de poètes et d'intellectuels catalans, dans le but de donner une nouvelle jeunesse à leur langue. Interdits par la dictature du général Primo de Rivera*, ils retrouveront leur place en 1932, tout en entretenant une vive controverse avec la normalisation du catalan proposée par Pompeu Fabra*. Ils subiront une longue interruption pendant la dictature franquiste et ne reprendront qu'en 1978.

Koiné : voir Groupe* Koiné.

***Mancomunidad* (1913-1925)** : Après que la loi d'administration locale d'Antonio Maura (1907) n'eut pas connu d'application, les catalanistes de la *Lliga* reviennent à la charge en 1911 en présentant aux Cortes un avant-projet d'association de provinces, qui est approuvé après un vif débat. L'assassinat du Premier ministre retarde l'approbation définitive du texte, qui intervient en 1913. Le décret royal du 18 décembre ne prévoit aucun transfert de pouvoir, juste une délégation administrative, qui permet à ses deux présidents, Enric Prat de la Riba* et Josep Puig i Cadafalch, de travailler selon ces trois axes : élaborer un budget propre ; développer une infrastructure de services publics et d'administration de base ; favoriser un projet culturel et éducatif général et professionnel par-delà les classes sociales, incluant la réaffirmation de la langue catalane, vecteur de l'intégration des immigrés venus du reste de l'Espagne. Dans ce cadre sont créés le Conseil de recherches pédagogiques (1913), la Bibliothèque catalane (1914) et l'École des fonctionnaires de l'administration locale (1914). En 1923, Primo de Rivera* nomme suite à son *pronunciamiento* le monarchiste Alfonso Sala, ce qui coupe l'élan de catalanisation de la société, avant que le statut des provinces de Calvo Sotelo ne lui porte le coup de grâce en 1925 [Artola, 1988].

Monarchie composée (ou composite, ou plurielle) : Elle s'oppose à une monarchie absolue car elle se fonde sur une négociation permanente entre les pouvoirs locaux ou intermédiaires de communes, parlements, corps constitués, ligues et l'autorité royale, sous forme de pactes perpétuellement renégociés. Dans la monarchie espagnole de l'époque moderne, c'est la forme composée qui domine.

Montserrat : voir Abbaye* de Montserrat.

Nationalité : Nation sans État. La théorisation des nationalités part de l'Autriche-Hongrie au XIXe siècle, afin de répondre aux problématiques posées par ces survivances de l'Empire, dont la formation historique diffère de celle des États nationaux comme la France, l'Italie, l'Espagne ou l'Allemagne de Bismarck. Aujourd'hui, l'appellation est récusée par les nationalistes catalans, qui réclament le droit à parler de *nation* à part entière : c'est ce qui provoqua le recours du Parti populaire contre le statut de 2006.

Nueva Planta : voir *Decretos* de Nueva Planta.*

Òmnium cultural : Créée en 1961, l'*Òmnium cultural* est une association à vocation culturelle. Elle est passée de la défense et promotion de la langue et de la culture catalanes à la défense de l'idéal indépendantiste à partir du début de la décennie 2010, notamment sous l'impulsion de son président Jordi Cuixart et à partir de l'initiative organisée en 2010 avec l'ANC sous l'appellation *Ara és l'hora*, à l'occasion de la préparation du référendum du 9 novembre 2014.

***Privilegio general de la Unión* (1283)** : Dans un contexte de guerre contre la France, le roi d'Aragon Pierre III est en mauvaise posture. Les représentants des trois ordres de la société s'allient pour poser leurs conditions à leur soutien de l'effort de guerre et obtiennent cette charte qui limite le pouvoir royal, le soumettant pour toute décision à l'avis des trois bras (ecclésiastique, noble, bourgeois) et aux lois et usages de l'Aragon. Les nobles se voient garantir l'immunité judiciaire sur leurs terres, et les honneurs sont dissociés des services rendus au roi. Sur le plan économique, est accordée la liberté du commerce du sel, du blé, de l'huile, des chevaux ; sont abolis les prélèvements sur les troupeaux ; aucun nouvel octroi intérieur ne saurait être créé. Enfin, et c'est peut-être là les mesures les plus avantageuses pour les sujets, on y revendique la gratuité de la justice, la possibilité pour un accusé de la sauvegarde moyennant caution et la suppression du processus inquisitorial au profit du processus accusatoire : à la différence de la Castille, il ne pouvait donc y avoir d'accusateur public. À ne pas confondre avec les Privilèges de l'Union de 1287, qui comprenaient des clauses abusives contre le roi : s'il ne respectait pas les usages, ses châteaux étaient remis à un autre seigneur dont il devenait le vassal. Ils ont été supprimés en 1348 alors que le *Privilège général de l'Union* a été confirmé à cette date.

Sardane : Ronde collective devenue un symbole populaire de la catalanité avec les pyramides humaines (*els Castellers*), le bonnet rouge (*la barretina*), le drapeau (*la senyera*), l'hymne des moissonneurs (*Els Segadors*), le goût pour la randonnée pédestre (*el excursionisme*) et le concept psycho-social de *seny*. Depuis une vingtaine d'années, se tient dans une ville différente d'Europe le rassemblement international annuel de la sardane (Aplec). L'orchestre qui l'accompagne s'appelle *la cobla*.

Subsidiarité : Principe de droit qui veut qu'un problème soit résolu par l'autorité normative ou judiciaire la plus proche de la juridiction de la compétence concernée. En cas de vide législatif ou de vacance de pouvoir, c'est l'autorité supérieure qui tranche et la loi supérieure qui s'applique. Ce principe est hérité du droit ecclésial.

Éditions Atlande
F - 92200 Neuilly
www.Atlande.eu

Achevé d'imprimer sur les presses de la SEPEC
à Peronnas (Ain) en juin 2018.
Numéro d'impression: N10013180603

Dépôt légal juin 2018.